Hörwege entdecken

Musikunterricht als Audiopädie

探索聽覺教育之路
——華德福音樂課程及養成指引——

Reinhild Brass ⊙ 著

車迅 ⊙ 譯

台灣人智學健康照護平台整合協會 出版

◈ 宇宙織錦股份有限公司 製作發行

本書獻給

Wolfgang Strübing *

（1944-2005）

你們不應該只是說教，
你們應該傾聽！

Julius Knierim（1919-1999）

* 譯注——Wolfgang Strübing，德國音樂家，是本書作者的老師。

作者 ◆ Reinhild Brass

居住在德國 Witten 市（北威州魯爾區）。
大學裡學習特殊教育的音樂專業，同時也
在自由音樂學校（Freie Musik Schule）專
修藝術——教育——治療專業。畢業後於
1979 年與他人一起在 Wittescheid 建立了
Widar 學校（自由華德福學校），並在那
裡擔任音樂教師至 2000 年。1989 到 1997
年間，她甚至擔任了班級導師。該學校獨到之處，就是建校伊始即
將音樂課的重點放在形式多元的聽覺訓練。在經年的教學工作中，
Reinhild Brass 女士對一到八年級的音樂課程內容與形式，已然建
立起獨到而逸出常規的一套方法。這套方法的中心內容是身體的運
動、即興演奏或演唱，以及各式各樣自製的發聲器材。

自 2000 年開始，Reinhild Brass 女士在 Witten 市的華德福教育
學院擔任講師。重點專業課題是從方法學角度，論述一到八年級學
生音樂課的教學法及發聲訓練法。1998 年以後，她還定期前往日本
講學，並於 2001 年在橫濱市成立聽力教育進修所。2005 年，她在
Witten 建立了聽力教育研究所。這是一個既開展教育，也同時開展
研究工作的研究所，它的工作重心是：充分發揮針對聽覺培養的特
殊教育學與教育方法學理念，並為社會學、教育學及治療學領域的
工作者，提供進修教育的機會。

譯者 ◆ 車迅

中國科學院大連化學物理研究所研究員退休，曾派駐德國，目前在大連外語學校教授德語。

德文校閱 ◆ 陳念萱

德國慕尼黑大學音樂學碩士。曾任大學音樂講師、華語講師，中學音樂教師、特教教師。

聽覺教育校閱 ◆ 潘鍇、李愛華

潘鍇——里拉琴（或譯萊雅琴）療癒師，結合了德國人智醫學和中國黃帝內經，以里拉琴為主要樂器，其他樂器為輔，發展出一套適合中國人學習的音樂治療理論體系和綜合音樂療法。音樂經歷：六歲學琴，主修手風琴，遼寧師範大學音樂教育專業，主修合唱指揮。曾赴德國深造，師從 Reinhild Brass。

李愛華——二十餘年音樂教育經驗，對音樂與人的關係深感興趣。現為照海華德福音樂教師；人智學培訓、華德福師訓音樂課講師。音樂培訓經歷：歌德館音樂教育自由音樂教師培訓、北京人智學音樂治療師培訓、美國 Berklee College of Music 專攻作曲。

出版弁言

　　我們每個人都有想「動」的需求，也都有想「聽」的需求。我們的耳朵總是開放的、持續的在接收訊息。聽覺是人類最早也是最終的感官，它在人類出生前就已經存在（聽力在胎兒五六個月時形成），死亡後仍然繼續作用著。沒有哪一個感覺器官如聽覺這般，能夠搭起一座進入生命的橋樑，也成為最終離開生命的感官。因此，聽覺能力不只是音樂性的問題，更是人生的課題。

　　為什麼我們所認知的五官——眼、耳、鼻、舌、身，在人智學的內在感官中，就只有聽覺可以晉升到「高階感官」？

　　聽覺是一切訊息連結的基礎，是每一種學習行為的先決條件。如何有效喚起聆聽的樂趣與喜悅？如何鍛鍊和運用自己的聽力？

　　德國資深音樂教育家 Reinhild Brass 專攻特殊教育音樂治療，為 Wattenscheid 的自由華德福學校 Widar Schule 的共同創辦人。這個學校的特殊之處是把音樂課的重點放在多元的聽覺訓練。在超過卅年的教學生涯中，Brass 孕育發展出一套獨到的聽覺教育（Audiopädie）方法論與教學法，有別於傳統的音樂課程教學方式。聽覺教育是一種學習傾聽的藝術，學習如何激發、加深與強化聽覺意識，《探索聽覺教育之路：華德福音樂課程及養成指引》即是其教學研究菁華的具體呈現。本書全面性描述如何藉由探索得以發現聽覺途徑，並對一年級到

八年級的音樂課程內容與形式提供實踐的方法。這個方法關注身體律動、即興演奏，以及各式各樣自製發聲器材練習或演唱。作者建構出一種從練習開展而來的教學方式，並帶出深沉的反思。

　　Brass 認為每位音樂教育工作者，首先應該成為聽覺教育工作者。本書希望鼓舞音樂教育工作者重視聽覺鍛練，並經由在課堂上使用書中所指引探索聽覺的方法，而得以自行發展出更多嶄新的教學法。

宇宙織錦出版部　謹識

推薦序

　　學習音樂，就像學習語言一樣，是從傾聽開始，而最先用到的就是耳朵。在演化生物學中，長期以來一直存在著一個爭議性的問題：人類究竟是先會唱歌，還是先會說話呢？從神經生物學的角度分析，人們可以看到，唱歌與說話、曲調與語言，很可能都從同一個根系中發展出來，很多神經細胞資源都是共用的。如此，音樂方面的經驗，乃從傾聽開始積累，通過這種積累形成了一種聽覺詞彙。這種詞彙，會在往後唱與說的過程中展現出來。身體、呼吸與嗓音就形成了音樂行為最初的也是最重要的媒介，而這些媒介還會通過傾聽與運動得以進一步強化。因此我認為，作為聽覺教育的音樂教育，是一種有趣且最基本的音樂教育方式。

　　本書作者 Reinhild Brass，把很多對小學生們進行聽覺探索方面極富價值的建議盡皆彙整起來。這種對聽覺的探索，連同發聲與樂器，一起構成了教育工作的核心內容。Arnold Schönberg 在他的和聲學裡為音樂引入了若干新元素，他在書中斷言：聽覺是一個音樂家的全部智慧所在。John Cage 在對他的新學員問候時，總是風趣地說：「Happy New Eears（祝新耳朵快樂）！」音樂課，作為聽覺教育，或者作為審美感知教育的一種方式，在上世紀七〇年代就已成為極具競爭力的音樂教學理念之一。祈願本書成為一位足以激奮我們的

全新良師，讓我們在音樂素質的培養中，把音樂放到中心的位置，
而以聲響與節律作為瞭解音樂之前的經驗基礎。

Wilfried Gruhn
Freiburg, 2009.9

作者自序

幾年前，有個同事問我：「你這個工作是稱作音樂治療學呢，還是音樂教育學？」我從未自問過這樣的問題。對我而言，這兩個領域之間並沒有什麼界線。因此我回答她說：「我從事的是教育音樂治療學與治療音樂教育學。」

有一天，我看到了一篇報導，裡面介紹的是一種新職業：一種叫作視覺教師（Visiopädist）的工作。這個工作的任務是，讓已經較長時間失去視力的人，重新練習去看東西。這使我領悟到：我現在做的事情，就是聽覺教育——這是一種與聽覺（拉丁文 =audire）打交道的教育！

聽覺教育，從更深的含義看，也是一種治療（Therapie）方式。希臘語中動詞 therapeuein 的含義就是「治療、護理與保護」。孩子們應該被保護起來，不受過分的感知印象的刺激，免於承受音響洪流的重負，使他們在喧鬧的環境裡，也不至於失去自我。但實際上，孩子們對於所有進入耳朵的音響，都是無助的在承受，且經常用退卻的方式來尋求解脫。兒童與少年們喜歡在耳朵裡戴上**耳塞**，這也是他們保護自己的一種方式，讓自己免受無所不在的環境聲響的干擾。不過，這種意在排除外界干擾而選擇自我喜愛音響的方式，不僅促使他們與外部世界隔絕，也會使他們失去本身的天性。對強烈聽覺刺激的需求，可能很快地成為習慣，這會使聽覺變得遲鈍，並

且也妨礙我們營造一個回歸自我所需求的安靜環境。

　　在我從事學校教學工作時，經常有人帶著驚訝的口吻向我提出一個問題：「**啊，你的音樂課就是從聽覺開始啊？**」這個問題一直令我感到奇怪，因為，音樂課難道還能從什麼別的地方開始進行嗎？但是，我越瞭解周圍的人，越是確切地感到，聽，或更確切的說是傾聽，對很多教師來說，的確不是音樂教學的主要目標。造成這種狀態的部分原因是，這個課程需要的教學條件通常很難獲得滿足。缺乏適當的教室與合適的樂器，不當的課程表安排還會導致教室頻繁變動與教室桌椅位置不斷變化，這些外在條件都會使培養孩子們聽覺的工作變得十分困難。在這種環境下，聽力的訓練只能是偶爾為之，而仔細傾聽在教學活動中則更是少之又少了。

　　聽覺教育是一種學習傾聽的藝術，學習著如何激發、加深與強化聽覺意識。聽覺是一切通訊聯繫的基礎，是每一種學習行為的先決條件。因此我認為，儘管橫亙著各種困難，每位音樂教育工作者，首先還是應該成為聽覺教育工作者。

　　為什麼只有聽覺才如此這般重要呢？

　　Alfred Tomatis [1] 的研究成果讓我們得知，耳朵是人的第一個感覺器官，它在胎兒發育到第五個月時就完全成形了。另一方面，從某些經歷過瀕死階段者的報告中，我們得知，在死亡的進展過程中，當其它一些感知能力都已經停止時，聽覺仍然保留著。從《西藏生死書》中可以看到，在很早的年代裡，存在著一種死亡儀式，叫作

1　譯注——法國耳鼻喉醫生（1920.1.1-2001.12.25）。聽力訓練方面「托馬提斯方法」的創始人。

「**通過聽覺得以解脫**的儀式（bardo thodöl）」。在這種儀式上，神職人員會向死者講述死亡之後將會遇到什麼，因為人們相信，此時死者的聽覺能力依舊續存。聽覺，在出生前就已經存在，在死亡後仍然繼續作用著。沒有哪一個感覺器官如聽覺這般，能夠搭起一座進入生命的橋樑，最終卻又經此離開生命。

但，我們是如何對待我們的耳朵，如何對待我們這最精細、最敏感的感覺器官呢？在德國，五分之一的成年人有聽力損傷，三百萬人有耳鳴困擾，耳病呈上升趨勢，兒童也已進入這一群體了。

我們要成為聽覺的護衛者，這已經到了刻不容緩的境地！

本書裡談到的所有練習，都是作者二十多年來，在對眾多孩子們的教學實踐中所總結出來的。這種工作沒有前人的模式可供參照，我們所擁有的只是自由音樂學校（Die Freie Musik Schule）老師們的辛勤工作。因此，我們還是花費了很長的時間，才使得這裡講到的聽覺途徑的探索工作，能夠成為方便讀者之可視與可聽的形式。

Liugi Nono 在他的日內瓦〈不可避免的迷失〉之講演中說道（Stenzl 1998，105 頁）：

寂靜，
難以聽到任何聲響。
更難的是在寂靜中聽到他人的聲音。

祝願這種努力能為公眾所接受，並得以開創一種新的音樂教學模式，一種以聽覺為基礎的治療與教育並行的音樂教學模式。

二版自序

　　《探索聽覺教育之路》——在這裡，教師可以去尋找聽覺教育之路的各種途徑。孩子們聽覺發育的狀況，相互差異是很大的。細心瞭解他們的聽覺狀態，給他們發展的空間，尊重他們並仔細瞭解他們的內心，能有什麼比這樣的工作更加引人關注？我，作為成年人，如何能夠創造一種氛圍，使孩子們與老師們，在這個氛圍中一起去發現聽覺之路，並能共同聽到新的聲音？

　　傾聽，就是把自己的內心打開，使自己進入角色。傾聽，也意味著自己放下身段，因為，人們是把自己的內心世界展示給你的。對於冒險參與前所未聞的「聽覺教育之路」的人，我希望他們對所有聽覺途徑——即便在我們看來是錯誤的——都用謹慎與理解的態度去面對。因為，只有嘗試各種可能的路徑之後，我們才能找到自己正確的坦途！

　　願這個沒有變化的第二版，能在探索聽覺教育之路的過程中帶來樂趣，並能喚起開發新的聽覺空間的興趣。[2]

Reinhild Brass
Witten, 2011.11

2　原注——對於傾聽以及新的聽覺空間的講解，還有下面的材料：《探索聽覺之路》，Gerbung Fuchs 發行的影片。 由聽力教育研究所出版的 DVD 要在2012 年 1 月發行。經銷商：edition zwischentöne. ISBN 978-3-937518-15-2。

目 次

現　狀

　　二十世紀肇始之際，Ellen Key [1] 把這個世紀宣布為「孩子們的世紀」。這其中寄託了多少希望，而一個世紀以後，Pisa　調查結果表明，有多少希望又破滅了！該調查結果說，我們的孩子在學校中學習的並不夠，也就是說，我們的孩子應該更早些開始學習。還要更早？他們 5 歲就被送入學校，童年就這樣被過早的智慧化教育無聲無息地剝奪了。雖然芬蘭的 Pisa [2] 結果很好，也受人關注，但在我們德國的學校體制中，尚未有任何變化。芬蘭人的成功措施是，把投資重點放在小年齡孩子的教育方面，也就是說，把資助放在可以引起重大變化的層面，而這種做法卻未獲我們採納。相反，我們是在高年級採用小班型，而這個年齡段的學生有自主學習的能力，再大一點的班組，或者是跨班級的班組，也是可以的。

　　幸運的是，我們還有一些先行者，他們在幾乎固定不變的學校教育體制內，指出老舊教育體制的瓦解不會導致混亂的狀態，相反的，會更加增進教師與學生在學習方面的興趣。著名記者 Reinhold Kahl 在其影片中介紹了當今實施改革的一些學校與幼稚園令人鼓舞

1　譯注——瑞典改革教育家，作家（1849.12.11 - 1926.4.25）。
2　譯注—— PISA 調查是國際上對學生能力的一種評估。主要對接近完成基礎教育的 15 歲學生進行。評估包括 3 個領域：閱讀素養、數學素養及科學素養。

的例子。現在，越來越多教師與學生都面臨著可怕的怠倦症 3，這種現狀是否也在提示：我們必須要做一些變革了？

當今的孩子們比以往任何年代都更早自主獨立（不管是有意的或無意的），他們在尋找能提供安全氛圍，並能激發學習興趣之可靠的聯繫途徑。孩子們想要學習，但他們不總是能遇到那樣合適的條件，以使他們在生命最初的年代裡能很好的成長，使身體的各個感覺器官能夠健康的發育。很多方面本來是入學前的基本條件，現在卻還需要在學校裡進行一些彌補。

在健康兒童的早期發育過程中，運動方面的各種問題都占有相當重要的地位。這有兩種情況：一是由於現在過量的體育運動，身體已經很強壯，很多兒童的肌肉系統已然定型；另一個是很多兒童的運動過少，行動起來像是身負殘疾，因為他們的肌肉系統已經萎縮。平衡訓練，也就是平衡感的訓練，已經很少進行了。觸覺系統的訓練不足，體力普遍孱弱，以致孩子們常常很快就疲乏了。

在這種情況下，音樂課能夠帶來預期的希望嗎？

對於這個問題，我要從我在 Wattenscheid 的 Widar 學校中超過二十年的親身經驗出發，作一個回答，並以此鼓勵那些想獲得新激勵的人們。

因為，我的經驗是：改變是可能的！

3　譯注──Bern-Out-Syndrom, 心理學名詞，一種喪失動力、無聊、缺少興致的心理狀態。

參與音樂活動要具備的條件

「我不會唱歌」

可能對某些讀者來說，音樂課的概念，總會與自己學生時代的某些負面經歷聯繫在一起，他們根本不願意再提起這段回憶。童年時代，難道就沒有什麼與音樂正面關聯的——不管是哪種形式的——感受嗎？遺憾的是，很多人竟還只能將這個課程視為某種可怕的回憶。

J. Ch. Pearce 在 Tobin Hart 的名著 Die spirituelle Welt der Kinder（《兒童的精神世界》）一書的前言中，在感謝英國人種學家 Blurton-Jones 的研究工作時寫道：「他指出，世界各個文化環境中的小孩子，在他們第一次看到陌生的東西或遇到陌生的事情時，都要停下來用手指著，然後轉身看看照護他的人或父母對此的反應。當他們應對這個陌生對象之際，直接透過感官途徑去探究，並在頭腦中構築「知識框架」之前，他們會向父母投以詢問的眼神，不僅是想知道此一探究之舉是否安全，也在於確認一下父母是否熟悉該事物，以及自己是否被允許去做這件事（見，Hart 2007）。」

Pearce 繼續寫道，父母對於孩子是否可以繼續進行這種新探索的反應，具有決定性的意義，不管這種反應是強烈的或輕微的，甚

至也許是下意識的，都沒有差別。重要的是，孩子知道，他們的父母熟悉眼前的事件。研究人員發現，通過這樣的過程，在孩子的大腦中就形成了一個相應的神經連結。也就是說，成年人對於兒童探索行為的關注方式如何，決定了兒童認知周邊世界的過程是正面的還是負面的。

Pearce 的這些論述，幫助我更好地理解一個我在教學實踐中經常遇到的現象：我一直在孩子的家長裡面，尋找有興趣與孩子們同隊唱歌的人。我常常遇到有人拒絕，他們說，當年的音樂老師都說過了，他／她不會唱歌，他／她應該保持安靜。有趣的是，這種拒絕多數來自男性家長。這可能就是為什麼合唱團要召集到男聲越來越困難的原因之一（當然，青春期變聲的問題，也是影響因素之一）。不過，有時候這種顧慮也會來自女性家長。我特別記得有位母親曾對我說，她一直不明白音樂課唱歌時，老師在同學前面做的手勢是什麼意思。長期以來，區分高音與低音，對她來說毫無意義。各種音調就在她的近旁，可是人們為什麼要那麼抽象的把它們區分開來？當她作為一個女孩子把自己的困惑告訴老師時，竟然被老師嘲笑了一頓。

她對唱歌的興趣，就由於一個成年人的錯誤反應而消失殆盡。不過對唱歌的嚮往仍然存在。

音樂方面的遲鈍，或者部分地受到傷害，是很多人童年時期一段必然的經歷。因此，把學生分成有音樂細胞或者沒有音樂細胞的做法，是非常不可取的！

不僅在中、小學範圍內，就是在和當了教師的大學生的談話中，

也經常會碰到，打算放棄唱歌或放棄學習樂器的人。到處都殘存著童年時期強烈的負面記憶。為了使人們能去接觸這段深藏於心底的經歷，洞見它們，並消除它們所造成的行為模式，是需要眾多鼓勵與很多時間的。

內在條件與外在條件

每一個人的心裡都生活著一位音樂家，通常毫無聲息地隱蔽於一角，有時會生病或缺乏活力，最嚴重的情況下則會被深深地掩埋。但音樂可以在「我」（作為人的個體）與其心靈之間建立起一條通道。比喻來說，這個「我」就是演奏者，而心靈是樂器。如果這個樂器破損了，那麼它就會音調失準或一身腥穢，那麼演奏者就無法再透過它來演奏，也就是不能使用他的樂器來表達自己的心情了。同時也還會有其它原因導致演奏者與樂器之間的關係中斷，諸如演奏者懶散、遲鈍或失望等因素，以至於不想藉由這類樂器來表達自己的心境。

為了使孩子能夠把潛在的音樂素質作為一種可貴的能力來體驗並加以提升，他需要成年人的配合，這種配合是他經驗積累與進行探索的基礎。配合意味著：拿出時間來，傾聽他的講述，對於他所有關於聲響與音調方面的講述，都要認真地聽取與交流。在這方面，只把孩子送到音樂學校去再接回來，那是遠遠不夠的。對孩子音樂能力的關注，不僅僅是在孩子第一次接觸樂器時，留心他的反應能力，更重要的是，在日常生活中，關注他對各種音響的反應如何。

大人對於孩子們這種第一次音樂經歷的耐心傾聽，表現出來的驚訝與興奮，都是孩子對於自己內在的音樂家建立起信任感的基本條件。

但是，外界對於音樂方面的激勵，也是不可或缺的：

有關音樂才能方面的研究結果表明，每個人都有一種確切的與生俱來的才能潛質（也就是，學習潛質）。這個潛質，在出生時是最高的，以後，如果缺乏環境刺激與日常學習（聽覺練習）的反覆激勵，這個潛質便會逐漸消退。因為，大腦發育需要外界刺激的影響，並由此成為映射所有經驗的鏡子。沒有音樂的激勵，就不會形成音樂的表達能力！一個孩子很小的時候，就能夠表現出他對有節律聲響的那種發乎本能的殷切需求，他還會把音樂當作一種原始的表達方式與溝通方式（Gruhn 2008, 225 頁）。

學生們演奏單音里拉琴

有一次我在學校裡彈奏大的單音里拉琴（或譯萊雅琴）[1]，同時讓一個學生在我彈奏過程中動作起來。他問我，他應該跟著音樂動起來，還是按照他自己的感覺去律動。此一提問表明，這個孩子已經聽到聲音中的不同層面了，而且，他還能夠把它們互相分離開來。對一個九歲的孩子來說，這是很不尋常的能力啊！這時如果嘲笑他的提問，那這孩子以後很可能再也不願跟著音樂的節拍動作起來了。

當我們集中精力來傾聽時，我們的內心是處在一個完全開放的狀態中。我們全身心的投入傾聽，在這種狀態中，我們是不會做防衛準備的。我們處於外界音樂世界的懷抱中，如果這時遇到了不理解或批評，那麼我們就會關閉自己。一個孩子的感覺，在這種情況下會受到深深的傷害，而在日後，唯有通過大量細緻的工作，才可能將此一狀態糾正過來。

當今，誰想做音樂教師，誰就必須意識到，我們的環境條件並不適合年輕音樂工作者的成長。噪音與音響無處不在，音樂作品在流傳中的僵化癱瘓，人們的內心由於毫無靈感而沉默──我們時代的所有這些現象，給我們提出了一個新問題，就是要我們對教育學，尤其是音樂教育學進行重新的理解。

有一種觀點認為，應該有一種音樂──不管什麼形式的音樂──送給孩子，用來對孩子進行音樂教育。我覺得這種觀點有點過時了。現在的必要之務是，為每一位孩子安上所謂的內心之耳，以便讓他們得以聽到自己內在的音樂。這種傾聽通常都是困難的，因

1　譯注──Streichleier, 這種里拉琴的幾個琴弦都是同一個音高。

為，老師認可的音樂會掩蓋蘊藏於孩子們心中屬於他們本身的音樂。而這種音樂常常是另出機杼的一種類型，完全獨特的也許甚至是古怪的音樂。不過，如果我們做另外一種安排，與孩子們一起演奏樂器，讓孩子們在演奏中按照自己的方式去發揮，要新穎也要鄭重，那我們就會發現，一段樂曲會發出前所未有的音響效果。

由此我們可以清楚地看到，音樂教師的重要任務是，發現孩子身上的音樂天賦，接納他的一切個性，讓他潛在的音樂才華與班級裡其他有音樂潛質的孩子們一起成長。

音樂與運動

Norbert Visser 在他題為「二十世紀與我們音樂的前途」的論述中，講到若干世紀以來聽力研究的發展，以及這種研究成果可以怎樣在建築學領域中應用時，寫道：

> 古老建築形式（在哥德式與文藝復興式過渡期之前的建築形式）的聽覺效果，好像聲音是從周邊環境來的。現代建築形式（直到二十世紀初期的建築形式）的聽覺效果，則好像是從一個中心來的，歌聲與樂器的演奏都是從這個中心傳出。而未來建築的聽覺效果，應該是運動的。也就是說，在感知到一個聲音中心的同時，聲音還好像是來自空間的多個方向；我們這裡說的不是聲音傳播的物理過程，而是說個人的感覺，聽眾感覺聲源是運動的（Visser O. J., 55 頁）。

在視覺感知方面，會同時存在著多個不同的視覺空間。這主要

取決於觀察者把自己的目光投放在哪個方向，方向不同，視覺感知就有異，儘管觀察者的物理位置就在同一個地點。與此相反，在音樂活動中，我們只有一個聽覺空間。在這個地方，不是每個人都能在同一個時間裡演奏他自己的樂曲。音樂是一種藝術，它有一種不同於繪畫或者雕塑的獨特運行規律。在繪畫或雕塑中，人們雖然偶爾會有集體作品，但原則上，每個人在作畫時，都是按照自己的心意在工作，自己決定繪畫的節奏，自己選擇使用的顏色。但在音樂演奏中，人們是處於一個較大的團組內，需要一個共同的題目，在同一個時間點開始與結束。而且，必要的時候，還需要一個能傾聽所有人的聲音並且能夠進行糾正的人。也就是說，在音樂活動中，作為團體行為，有一個重要特徵：只有全體人員都處於一個共同的空間中時，對每個個人的傾聽才是可能的。創造這種可能性，並將之保持一段時間，是每一位兒童教育工作者的任務，他們應該在家中如同在幼稚園與學校一般，對孩子進行這種氛圍的教育。

　　每當談及我們應該聽取或者聽從的時候，首先必須有一個傾聽的環境。聽從這個詞，特別是在德國，會引起令人不愉快的回憶：它提醒人們想起一些黑暗的時代，如國家社會主義[2]或者東德時期。但這個詞原本有很好的含義：孩子想要用心聽大人的話，聽從他的話，並跟隨他。因為孩子相信，大人的意願都是最好的。當我們把這個詞從它的歷史與政治層面上解脫出來，並以它本來的含義使用在音樂教

2　譯注——即納粹時期，1933 年至 1945 年間統治德國的獨裁政治，即「第三帝國」時期。

學上時，我們會發現，這種工作（音樂教育）就是一種樂趣，一種我們要聽從內心聲音的創作樂趣，聽取與聽從不僅僅在詞源學上來自相同的詞幹，它們也的確是密不可分的（Zender 1991）。

除了傾聽以外，運動也是我們給孩子們上音樂課，並能發現他們獨創能力的一個重要方式。傾聽，從根本意義上說，也是運動的一種形式。一個孩子，如果健康的話，他始終是處於運動狀態的。與成年人不同，他能夠在運動中感知到周圍發生的所有事情。孩子是完全生活在其外部世界中的，他的內心還不具備自己的精神空間。

孩子在內心裡也會模仿成年人，不過只有到了八歲或九歲時，才能慢慢形成他們自己的精神空間。從這時候開始，他們的外在運動越來越多轉化為內心的活動。這種內心活動會促使孩子審視自己，這種內心活動也會透過音樂教育來激發與促進，包括身體運動在內的音樂活動，經歷得越多，日後他能夠追溯的記憶也就越多（也參見 Gruhn 2008）。也就是說，如果孩子在九歲或十歲之前，經常伴隨著音樂節律動作起來，那麼他的聽覺功能也會處在快速的成長中或者說在強化中。在森林裡或在大街上玩耍，雖然也是當今一種很好的活動，能夠為傾聽中運動（或者說運動中傾聽）的訓練做些準備，但僅止於此的活動還是不夠的。

孩子在七歲、八歲之前，是完全生活在感官世界中的。每一個感官刺激都會進入孩子的內心，不會有任何排斥發生。人在這個年齡段，對於任何給與他的印象，都會全部的承接下來。

在這方面，Tobin Hart（2007，55 頁）描述了一個八歲孩子的例子：

　　一個父親與他的女兒在一個安靜的海灘上。他在觀察他的女兒是如何走入海水裡的。她走到及腰深處停下，然後就隨著海浪而前後晃動起來。過了十分鐘或十五分鐘了，Mark 看到女兒的眼睛閉上了。此後的半小時裡，她就一直在那兒，身處輕柔的波浪中晃動著。一小時以後，Mark 發現，當他在海灘上這樣看著女兒的時候，他本身竟也晃動起來了。就好像是她處於夢幻中。他想確認一下，女兒現在是否還一切都好，他問自己：「這是某種發病狀態嗎？她正確如實地塗了防曬油嗎？」但他克制自己，沒有發問。

　　大概約一個半小時後，她才從水裡走出來，表情開朗而平和。她悄聲坐到 Mark 身邊來。過了幾分鐘，他小心的問，剛才她在那邊做什麼。「我剛才就是那個水」，她細聲說。「你就是那個水？」他反問道。她回答：「是啊，真是太美妙了。我就是水！我喜愛它，它也喜愛我。我不知道，我還應該怎樣來描述這種感覺。」他們就這樣靜靜的一起坐著，幾分鐘後，Miranda 突然站起來，到沙堆裡去玩了。

　　這個孩子用自己的全部、用整個的身體來感知——用她的整個身心來傾聽！有誰不曾看過，小孩子被雜訊驚嚇到的場景？比如，母親或父親推著嬰兒車等在紅燈前，隆隆的交通噪音在孩子眼睛或者耳朵的高度上傳過來，孩子就會被驚嚇到。此時他的整個身體都會不由自主地抖動，強烈的雜訊已經直接作用到他的身體了。孩子在小的時候，有過這種經歷或者類似的經歷越多，他就越早在內心裡形成一種保護的意識，把自己封閉起來，以抵制所有的聲響刺激。遺憾的是，這樣的保護意識也阻塞了感知音樂世界的道路。

　　所有的傾聽，都需要開放的耳朵。每個人的耳朵是不是開放，取決於他自己，但是對於孩子，就需要大人為他承擔起這個責任來。如果大人把小孩子放在吵雜的環境裡，孩子還不能對此做什麼防禦，嬰兒不會自己搗住耳朵！這裡我們真的要說，這是暴力啊！

　　作為老師或家長，我們有一椿任務，就是仔細地掌握孩子的聽力狀況，始終給他創造的機會，用鼓勵的方式，使他能擁有足夠運用他全部身心的聽覺感知能力。這個過程在某些情況下也會造成我們自己聽覺習慣（例如，很響的背景音樂）的改變。教育問題同樣也總是一種自我教育——這一點對我們成年人來說，也可能並不來得那麼輕鬆。

聽覺的訓練

發聲是聽覺的鏡子

Alfred Tomatis（1987）在其《生命的聲音》一書中論述歌唱時，談到了一個定則：人們只能唱出他聽到的聲音。就是說：喉頭發聲的頻率範圍只能覆蓋耳朵能有反應的頻率範圍。聽覺所及的頻譜範圍越寬，嗓音回答的頻譜範圍也越寬——它是聽覺的一面鏡子。我們可以經常覺察到這種並行的關係，例如，一個孩子如果聽覺不佳，他的嗓音就沙啞。我有二十多年的時間參與了小學生的入學面談，因此有機會對這種孩子做多年的觀察。從教育的角度來闡明這種現象是困難的，因為肯定是由很多因素所共同造成。不過有些孩子的嗓音還是令人驚訝的發生了變化。進行聽力訓練以及經常的唱歌，在任何情況下，都具有積極的作用。因此，對於教育工作者或教師來說，就得要注意下面的事情。

激發音樂才能發展的最高方式是，充分利用日常生活中我們所能遇到的各種聲音資源。我們要為孩子們提供各種機會，讓他們的身體活動起來，讓他們體驗各種雜訊與音樂聲響，然後我們來進行聽覺訓練，同時也做發聲訓練。每種感覺能力都是可以訓練的，聽覺亦然。

兒童成長的環境，提供了大量的雜訊與音樂聲響，在孩子們熟悉

環境的同時，也逐漸熟悉了這些聲音。剛開始時，孩子是被動地接受這些印象的。一旦大人們發現，孩子開始有意識的接觸這些環境因素了，那麼他就應該立即去激發並強化孩子的發現欲望。人類識別聲音的能力是沒有止境的：人在仔細傾聽時，可以分辨出熱水與冷水倒入容器中的聲音差別，也能感知容器是用什麼材質所製成；這個容器是細長頸的或是有圓形肚子的？它是敞口的還是細長而上端封口的？我正在削馬鈴薯皮，還是在削蘋果皮或梨子皮，抑或是剝香蕉皮？當水慢慢逐漸升溫，直至沸騰的過程中，聲音是怎麼變化的？當水流入浴盆時，我能聽得出來浴盆是滿的，還是剛剛蓋過盆底？所有這些，我們都是可以聽到的，並且可以在日常生活中訓練這方面的注意力。

有一種猜謎遊戲，就是讓對方聽到謎底物件的聲音以進行猜測。這樣的遊戲能夠喚起很大的興趣去猜想謎底的物件。

在教室裡，可以玩聲音猜想的遊戲，這個遊戲跟在視覺教室裡「我看到的東西你看不到」的遊戲如出一轍，只不過它是在聽力教室中進行「我聽到的東西，你是認識的，它的聲音是……」（這時，要重現這個聲音，讓對方猜測。）聲音猜想遊戲能使教室立刻安靜下來，每個人都在注意的聽。不過這個遊戲的最大收益還是，喚起了孩子們通過聽覺瞭解世界的好奇心與興趣。

在秋天散步的路上，當風吹過日漸乾枯的樹葉時，我們可以閉上眼睛來感知，哪棵樹正有風吹過，我們能夠區分出來，是橡樹還是楊樹？是楓樹還是樺樹？

在聽覺方面沒有界限，界限只存在於我們的意識中。為了打開

這種意識，我們的確還有一把鑰匙。這把鑰匙通常是無聲無息地放在一個不被注意的小箱子裡。但是，當我們將它拿出來時，我們會發現它是一把利器，它能把這個聽覺意識越來越大的打開來。這把鑰匙就是我們的注意力，我們可以把它提高，而且毫無界限。對每一個學生來說，能夠體驗到在這方面沒有界限，是一件非常愉快的感受。能夠使學生認識到在學校的學習，並不是學習過程的終結，而是可以不斷持續學習的，確立這樣一個信念而畢業，也是一個學校的最高目標。如果我們在以提高聽覺興趣為重點的音樂課中，能夠為孩子們傳遞這樣的資訊，那我們就取得了重大的進展。

音樂課是靈感的源泉

一幅希臘花瓶的圖畫裡，畫著一位教師走在一個孩子的背後。他用掛在一根長杆上的燈，為學生照亮正要踏上的路。老師在孩子後面走著，沒有堵住前路，只是為他提供保護，幫助他邁開前進的腳步。

教育（Pädagogik）這個詞來源於希臘語 pais（男孩，孩子）和 agein（引導）。教育者的任務就是，引導孩子獲得必要的能力，找到自己的生活之路。他要為年輕人營造一個這樣的環境，使年輕人能夠從這種環境中，選取對自己有利的東西——他們當然知道，世界上還存在著許許多多東西，需要孩子在未來的某個時間來認識。

「知識的世界在我背後呼吸」，這是抒情詩人 Rose Ausländer 的一句話，這句話正可以用到這位教師身上，因為教師是通過親身經歷來引導孩子的。

　　這幅圖畫，生動表達了教育學中典範轉移的概念[1]。教師在這裡並不是將自己選擇的材料強加於孩子的那個人，而是應該讓孩子以其本身的方式吸取自我發現的甚且又喜歡的那些東西。這樣做會增強孩子對發現的樂趣，避免厭倦情緒的產生。從這裡可以看出希臘人對於學習本質的深刻理解。學生是在學習那些大人們在引導學習方面的知識！

　　這個過程也適用於大人自己。我們的童心讓我們認為，聽，不是一個被動的過程。所有從外界進入我們聽覺的聲音，是每個人自己負責選擇的，作為人的「自我」，應該就是自己的主人。為此人們應該對他們所處的外界條件施加影響。對年輕人來說，他們的「自我」力量還不足夠強大，尚不能對外界有所影響，那麼老師與教育者就應該發揮這樣的作用。這就是教育者的任務，一個困難但令人鼓舞的任務。

　　如果傾聽孩子的需求，能夠在教育過程中承擔起引導的角色，這將是教育科學中的創新與發展。這種傾聽，應該是不斷深化與不斷提高引導意識的傾聽，無論對於教育學本身還是對於孩子，這種方式都會開拓新的領域。在每一次音樂活動中，對每一個孩子，對每一個新的狀況，都進行仔細的、和緩的傾聽，這也會使音樂教師的能力得以擴展與提升。於是，我們會發現那些此前從未聽到的與尚未去聽的嶄新內容。也只有這個時候，我們才可以真正的來談論音樂課的靈感。

1　原註——Paradigmenwechsel，英語 paradigm shift，典範轉移，參見：http://en.wikipedia.org/wiki/Paradigm_shift。這裡表示教師與學生角色的轉移。

音樂家、治療教育師 Julius Knierim [2] 先生一直強調，在教育學科裡，不應該討論訓練問題，而應該討論**細心傾聽**的問題。

教師是傾聽者

傾聽，是認識自我與認識世界的途徑——對孩子是這樣，對老師也是這樣。這條道路上的第一步，應該由老師來引導。身為老師，應該為自己提出這樣的問題：我怎樣才能全面而深刻地理解孩子呢？我怎樣才能認識到年輕人內心的意識潮流呢？我怎樣才能做到在學校的日常活動中，真正傾聽孩子們的心聲呢？

對於這些問題，某些人可能會規避。他們抱怨說，我們的孩子們現在不會正確的傾聽。這個事實，不正反映了我們成年人的行為問題嗎？

美國的研究表明，教師每天平均只有十分鐘的時間來傾聽孩子的聲音。這給我們敲起了警鐘！我們應該改變學校的面貌，把它建成傾聽的場所。但是，真正的傾聽意味著認識，不僅僅是在表面上聽聽聲音：

> 忽視我們的耳朵會導致……我們聽覺能力的貶值，是的，它讓我們聽，但不是細心的傾聽（Barenboim 2008, 32 頁）。

因此我們說，聽，是音樂課的中心點。在音樂課堂上聽了嗎？

2　譯注——Julius Knierim，德國音樂家（1919 - 1999），自由音樂學校的奠基者之一，多年致力於音樂，教育與治療的結合與統一。有多部相應領域學術著作出版。

當然了，廢話！但是這種說法，可不是畫蛇添足的大實話。看看音樂課吧！有多少這樣的例子，是聽力絕對不處於中心位置的！相反，音樂課就是表面的記錄分數、訓練、走形式、組織一下，毫無興趣或者乾脆就是一團混亂。

因此在我的教學實踐中，我最關心的是，讓學生盡可能多且盡可能廣泛的積累傾聽聲音的體驗。我幾乎是帶著一種激情，堅持不懈地去收集與擴充我們的樂器。這也激勵了孩子們收集與製作了一些很有特色的聲響器材。有個孩子一次帶來了兩個啤酒瓶蓋，這兩個金屬蓋分別用兩根繩穿起來，他且為我們演示了他所製作的這個鈸。

相反的，如果聲響的體驗就僅僅限於鋼琴或直笛，那麼要使孩子在整整一天的在校時間裡，做到興奮與好奇的體驗傾聽，就很不容易了。

關於紀律，不再是問題。孩子們必須學習，必須聽課。我們做最多的就是通過錯誤的教育方式妨礙了他們的成長。

音樂課的問題是學校教學問題或一般說是教學問題。但是關於音樂課的問題，我們還是要強調聽力教育，如果在音樂課中沒有學會傾聽，那麼還有什麼地方能夠學得到呢？

作為教師，誰想要走這條道路，誰就不能期望很快得到成果。聽覺之路的訓練，要有充分的信任，允許任性，容忍犯錯，要在快樂中練習，讓孩子本身去發現，要鼓勵，要花費時間，讓他們有表演的樂趣，並且，始終要有耐心與幽默。這條路不會馬上就通往光輝的頂點與完美的境界，但是在這條路上，可以發現個人的才能，

可以肯定每一個學生的獨到之處，也會鼓勵每一種特質的發揮。而這一切，只有教師學會讓自己成為一位傾聽者，才能獲致成功。

音樂潛質的喚起

上帝按照自己的形象用黏土製作了一個塑像。他希望給這個塑像注入靈魂。但靈魂不願被囚禁。因為它的本性就是遨遊飛翔，是自由的。它不願被限制、被束縛。身體就是一個監獄，靈魂不願進入這座監獄。於是，上帝請他的天使演奏音樂。當天使演奏音樂時，靈魂就欣喜若狂的動作起來，它想要更清晰地、更直接地感受音樂，於是，它就進入了那個身體。

古波斯時代的一位大詩人 Hafiz 對這段傳說做了下面的補充：

> 人們都說，當靈魂聽到了這段歌曲之後，就進入了身體。但實際上，靈魂本身就是歌曲（Berendt 2000）。

當孩子上學的時候，他已經聽過了很多類型的聲音。這些經歷可以是完全正面的——在這個美麗的世界上，還有多少需要我去瞭解的東西啊！或者也可以是負面的——沒有人來聽我的聲音啊！對於一個致力於開發學生音樂潛質的老師來說，學生各式各樣的狀態，從好奇的到漠然的，都應該細心關注。

他怎樣才能看得出來，哪些孩子是哪種類型的人才呢？肯定的說，不可能通過一次聽力測試就解決。對大多數人來說，耳朵的聲學功能都是完全正常的。我們應該做的是，去發現並認識那些有音

樂特質或者有聽力靈感的耳朵，這個任務非常複雜。而且，我們的音樂老師也很少能夠知道，為什麼有些孩子很早就對周圍的環境關閉了自己的耳朵。儘管如此，教師的任務仍然是要使孩子重新信任大人的世界，逐漸的把自己放開，他們要使用的方法就是去發現聽覺之路。因為打開耳朵，並喚醒音樂潛質，這是音樂課的主要任務。

　　這裡所說的音樂潛質，不應該理解為對音樂理論條文的背誦，或者對全音音程的反復演奏，這一點必須明確強調。那麼，這個音樂潛質到底意味著什麼呢？

　　「音樂潛質」表達的是人體內部所進行複雜的神經活動過程，這個詞只是一種相對簡單的形象描述。它包括：在音樂活動中進入角色的能力、體察音樂力度的能力，以及讓心靈在生命多姿的鋼琴上演奏的能力。音樂潛質是心靈本身的飛舞。在孩子還小的時候，它的飛舞是自由的，但隨著他日漸成長，他會逐漸通過音樂，更多的來認識與感知心靈本身。比如，到一定的年齡段，對大調與小調中的音高與音強的感覺，就會讓他重新認識自己的心靈狀態。音樂是心靈的鏡子，這不單單是一個美麗的比喻，也是可以真正體驗到的。我們的心靈是通過音樂的共鳴展現自己的，那麼傾聽就是一座連接心靈與音樂的橋樑。

　　我們如何建造與維護這個橋樑呢？這個橋樑無法用石頭或木材來建造，它是用專注的精神來建造的——用富有生命力的鮮活精神，並且必須不斷地重新來建構。教師的任務是，對這個不斷重新建構的過程，給予關心、照料與支持。

　　你是怎麼聽音樂的？這是老師對每一個學生都必須提出的第一個也是當時最重要的問題——老師並未嚴厲地提出這個問題，而且，他也沒有期望得到明確的回答。只有在經過大量仔細的觀察之後，他才能發現自己要怎樣才能足夠敏感地來解決這個問題。

　　如果我們讓孩子們在一個房間裡，隨著各種不同的音樂動起來，那我們就會看到，他們的動作簡直形形色色、五花八門。有些孩子是小心的抬腳放腳，顯得如此輕盈，好像不願踩到地面上似地。而有些孩子在地上拖著腳步，也有些孩子重重的踏著地面，好像他們很難再跳起來。還有些孩子用腳後跟使勁地跺著，就好像要把地板跺穿似地。還可以做更多這類的觀察。

　　在經歷了多年的探討，懷疑，不過也有驚喜的發現之後，我越來越清楚的認識到：在腳的動作與聽覺類型之間，的確存在著直接的關聯。這種關聯，從以下的現象就可看得出來：如果我們讓孩子把注意力集中到腳上，那麼教室裡立刻就會靜下來。

　　聽覺教育就是運動教育，運動教育就是聽覺教育。

　　這是聽覺教育中的客觀事實，音樂教師可以在教學中參照。在我的教學生涯中，我在這個基礎上對各種不同的班級制定出了一整套練習規範。使用這種教學方法，我們可以通過聽覺練習與運動練習，把孩子們的音樂潛質，從有時是很深的隱秘狀態中喚發出來。有時候的確需要幾年的時間，才能使一個孩子釋放自己，讓老師聽到他的心聲。在起始的階段，音樂與心靈之間的這個橋樑還不足以承擔重負，但這條路還是可行的。在這種情況下，要感知到這座橋

樑確實存在，的確需要教師具備真正的沉著與自信。而在這以後，這座橋樑還可以不斷地擴建。

在以下的各個章節裡，將介紹音樂課上的各種練習，首先是來自我們自編教材領域的練習。在這些練習中，還很清楚的說明了在孩子們面前，我們需具備何種態度與親和能力，才是對開發他們的音樂潛質非常重要的。我很清楚，這些說明只能是音樂教學中的部分內容。不過，為了使我們所側重的層面更加清晰，我們也只能放棄全面說明的方式了。通過對學習歌譜的描述，我們可以看到，孩子們是能夠掌握歌譜符號的，他們當然也能使用這些符號。

在 Widar 學校裡，每年節日的慶祝活動，是學校教學計畫的重要組成部分。當然，在每個季節或節日裡，都要唱相應的歌曲和樂器演奏等等。本書中，對音樂教學的這部分就不說明了。在音樂課中，我一直努力做的事情，是對已譜好的曲子和自由發揮的曲子都平等兼顧。我們還可以在一段時間裡連續上音樂課，這樣很多事就比零星上課更有成效。首先對那些與音樂活動格格不入的學生，讓他們在三到四周的時間裡，天天都有音樂課或相應的活動，如此就會促進他們煥發自己的音樂才能。

在每一章的前面都有一首歌曲，這是每當我在音樂課教學開始之前，與全班學生一起唱的。我們以這種方式為各個年級都創造了一個良好的課前氣氛，使學生們自然地進入音樂的環境。

各個年級的練習

Rein wie das feinste Gold

Text: Angelus Silesius
Musik: Reinhild Brass

Rein wie das feins - te Gold, fest wie ein Fel - sen - stein,

ganz lau - ter Kris - tall soll mei - ne See - le sein.

一年級

探索音樂的原型

很多年以來，我一直在思考這樣的問題，對每一個年級來說，什麼是最重要的，什麼才是所謂的那個原型？孩子們在音樂課中，究竟應該學習什麼？這個原型是合唱嗎？合唱會找到「我們」的感覺，也就是找到社會成員的感覺，或者，這個原型就是讓孩子們單獨的演唱或演奏？就是說，在於培養他們一定程度萌發的自我意識？這個原型是音樂喚起的安靜或者興奮嗎？而這個，又是歷經什麼樣的過程才實現的吶？孩子們被感動、被喚起的關鍵在哪裡？這些，對於我們上的每一堂課，都是需要認真思考的問題。

在華德福（Waldorf）學校裡，當一年級學生來上第一節課時，都要用 Rudolf Steiner [1] 宣導的原則進行鼓勵，使孩子們能在學習中去體驗塑造力（Formkräfte）的兩個基本原則，這兩點我們到處都可以見到的，那就是**彎曲的力**（Gebogene）和**直接的力**（Gerade）。某一段講話是否能使孩子們有深刻的印象，取決於教師的內在力，有這樣的內在力，他就能真正的認識到作為事實本質的這兩個基本原則。同時，教師還需要有強大的凝思力，只有在凝思力的幫助下，他才

1 譯注——Rudolf Steiner（1861-1925），華德福學校的創始人。

能夠讓音樂的原型變得更加生動，成為孩子們日後進一步認識事物的原始幼苗。老師把這個原始幼苗播種在自己的心裡，使它在心靈中發芽、開花結果，而這個果實就是能在孩子心靈中發芽的新幼苗，

我也是通過很多年的努力，才能夠在第一節音樂課上就出現這樣的場景：

> 一個在聽音樂的人，他邊聽邊動作著，音樂停下來，他的動作也停止下來了。

聽者的作用在哪裡，還不清楚，但沒有了他，這個畫面就不完整。聽，對於演奏者有著直接的作用。通常我們的注意力都集中在演奏者那裡，因而忽視聽眾的存在。但是，他們的作用絕不在於被動的聽。聽眾越是積極在聽，演奏者的演奏水準也會越高！

當我還是大學生的時候，曾在里拉琴彈奏課中體驗到了聽眾的這種重要作用。我的老師就是 Julius Knierim，著名的音樂聽辨大師。我在音樂課老師面前，彈奏得比在家裡的水準高得多。此前，我從來沒有過這種體驗，以前都是在家裡彈奏得較好。

聽，是一種創造性的工作。演奏的效果，是在演奏者與聽眾之間那個看不到的空間裡互動起來的。

下面的練習就是我們對音樂原型的展現。

運動中的聽覺練習

八到十位孩子，每人手中拿一個青銅的或鐵質的音棒。老師給每個孩子指定一個位置，但排列的整體隊形並未確定。然後老師在

手持銅質音棒的男孩

孩子們之間輕輕走過，腳步盡可能地輕，他先用他的小錘敲打某一個音棒。音棒響了的那個孩子就開始行動，他也輕輕的在其他孩子中間穿過，直到他的音棒不再響為止。當他的音棒不再有聲音的立足之地，他就停下來。然後老師走向下一個孩子，繼續這樣的遊戲。所有動作都從容安地進行。在所有孩子的傾聽與注視中，每個人都有一段自己的動作時間。

　　在此一活動中，老師有充分的時間安靜地對每個孩子進行詳

細的觀察，例如他可以自問：這個孩子是用哪個耳朵聽的？他知道自己哪個耳朵更方便嗎？這一點很重要，因為這樣老師就可以知道，以後與這個孩子講話時，應該站在他的哪一側（參照 Tomatis 1998）。老師也可以看到，孩子在隨著自己的音棒走路時，他的腳是否小心的落地，或者，他是否聽力較差，就這樣邁著沉重的腳步走來走去……等等。在這個過程中，所有孩子都在練習傾聽。他們會從中體會到傾聽是需要時間的，真正的聽或者傾聽，始終要比觀看需要更多的時間！

　　一年級的所有練習的基本點是，讓孩子們使自己的身體與發聲樂器之間產生共鳴。我們可以看到，每當一個孩子能夠讓腳輕輕落到地面上時，那麼，他肯定也是聚精會神地在傾聽。

　　至少從 Tomatis（1987）的著作發表以來，我們就知道，雖然耳朵是聽覺的重要器官，但80%的聽覺感受是通過整個身體來完成的。這個發現給失聰的人提供了一條新路，也就是通過他們自己身體的震動來獲得聽覺感受。基於這點考量，為了使雙腳更加敏感，我們在練習時都是讓孩子們脫掉普通鞋子，穿上襪子或體操鞋，這樣他們就與地面有更直接的接觸了。

　　在 Evelyn Glennie 的影片《觸摸聲音》（*Touch the sound*）中，結尾有這樣一個場景：一個從八歲開始就患有漸進性耳聾症的女音樂家，在演奏馬林巴琴時。那鏡頭長時間的對著她的腳，我們從她腳趾的動作，就幾乎可以聽到音樂聲！

　　還有患先天性耳聾的 Emmanuelle Laborit，在她的自傳《海鷗的

啼鳴》（*Der Schrei der Möwe*）中描述了她是如何體驗音樂的：

> 孩提時代，我有幸擁有了音樂……。我愛音樂！我感覺到了
> 她的震動，我用我的腳感覺到了。當我躺在地上時，我的全
> 身都感覺到了她……。我通過我的身體接收到了音樂的氣
> 息……。她是另外一方的語言，她無所不在。她是世界上最
> 美妙的藝術，她能使人的全身都震動起來（Laborit 1999）。

在我們身上也會有這類聽覺感受，只是我們忽視了。如果我們
能顧及到這方面的感受，把自己的身體也作為對音樂的感覺器官來
體驗，那我們就打開了一片新天地。在夏天，我們可以利用某些機
會，光腳在草地上或卵石上奔跑，這樣可以使得腳獲得更強的鍛鍊。
所有我們從前在童年時期做過的事，以及現在在城市中不可能做到
的事，都應該列入學校的教學活動內容中，特別是那些能夠鍛鍊身
體感知能力的活動，諸如自身的活力感、自身的動作感、觸覺感以
及平衡感等等（亦參見 Auer 2007）。

在強化聽力的訓練以後，更重要的是與孩子們一起運動起來，在
一年級（部分的持續到二年級）就要安排圍小圈跳圈舞或者就是舞蹈。

圓形站位練習

通過下面的方式圍成一個圓圈，就不會讓孩子們長時間的打鬧。

為了讓孩子們圍成圈子，我準備了一個針織球，在球上縫上了
幾個小鈴鐺。把這個球扔出去之後，它就一直在響。我們事先約定

好，球拋向誰那裡，誰就從自己的位置上站起來，站到圓圈那裡去！

　　練習中，我是站在中心位置的，我可以決定扔球的方式與速度。如果孩子們都能夠把球接住，那麼我可以通過均勻的拋出速度，來營造一個有音樂節律的環境，這對後面的舞蹈是一個很好的準備。大家都站成圓圈，跳舞就可以開始了。

　　這個圓圈形式可以進行各樣的遊戲。我可以將球以不同的方式扔出去：每次間隔一個人或兩個人扔過去，再退後一個人，重新開始。我總是變換著節奏，這樣，孩子們的注意力就都集中到球的聲音上去了。

　　我做音樂老師的那個時期，多數班級大體是三十八到四十一人左右。我一直有個問題：怎麼樣才能讓這些孩子動起來？要有序的而非混亂的動起來，而且還能在動作中帶來音樂學習的效果呢？很多條件都必須同時具備才行。我很羨慕那些優律思美 [2] 教師，他們能夠使眾多孩子同時秩序井然地動起來。我後來從他們那裡得到了重要的建議：

　　在肢體語言課裡，最初的幾年應該重點練習幾何圖形列隊。孩子們應該在各個方向上，以各種方式，練習排列四邊形、三角形、五邊形等等。這種有序的圖形很神秘地給了孩子們一個結構的概念，令我甚感驚訝。我想要再次強調的是，我花費多年時間來追尋與嘗試，才終於明白，這種幾何圖形方式也可以作為音樂課中的一個基

2　譯注──Eurythmie，優律思美課，音樂伴奏下的形體運動課。是 Waldorf
　　學校的例行課程，從一年級到十二年級都上這個課。在 Waldorf 幼稚園也
　　以遊戲的形式做這方面的相應練習。一般學校沒有這樣的課程。

本思路！我們長期以來都是使用 Manfred Bleffert 廠家的聲響器材與運動器材，現在我們終於清楚了，在器材的聲響與相應的運動之間，仍有緊密的關聯性。

孩子們現在可以去站成四邊形或三角形了，但不是按照他們被告知的任何形狀，而是透過聲響器材來實現，這是很有意義的！現在，運動進入音樂課堂了！我們透過這種方式，可以讓少量的孩子動起來，而多數的孩子則滿懷期盼地觀看著，重要的是，他們在傾聽著。教室裡，充滿著有規律的音響，儘管有四十多個孩子，但此時的教室裡一片寂靜。

（我當時正巧有一間教室可以使用，我們就在那裡進行這種活動。椅子發出的噪音太大，我們就換成簡單的長凳，一個長凳上可以坐四個孩子左右。後來，我們又有了一個地毯，那我們就可以脫了鞋運動，還不受涼。）

有時會有孩子無法熟練地參與這種活動，那我們就提供他一個特別的事情來做，比如，按照我的指令來敲擊一個較大的三角鐵（每個邊長約三十公分）。如果這個孩子能夠站到高處的話，他就可以從一個新的角度來感受這一切了。一個比較好的做法是，讓觀看的孩子們都站在凳子上，這樣他們就可以從高處看到整個場面。如果他們坐在凳子上，那做動作的孩子就在他們的面前，他們就無法感受到活動的全貌了。我們的原則一直是不要忽略任何一個人，而要全體參與。被忽略，總會讓人感到一種羞辱與貶損，受傷害者會自我封閉起來，這樣的事如果經常發生，他們會很難再恢復常態。

現在，孩子們動起來了，沒有發生混亂，幾何隊形的約束力是有效的。此後，可以把參與走動的小組擴大，時而擴大到十五個人左右，大家在教室裡走動，沒有發生過混亂或者隊形不清晰等情況。每個孩子都認得自己的位置，通過這個形狀的要求，站位都很準確。

四邊形站位練習

1. 指派四個孩子按順序站到一個想像的四邊形的四個頂點上去。有時也可以先讓兩個孩子站到事先指定的位置上，然後問他們，誰看到了四邊形的另外兩個頂點？每個孩子都要把那兩個缺失的位置指出來。
   給孩子們分發樂器，比如，一付鐃鈸。

2. 孩子們應該能聽得出來，這些鐃鈸中，哪個音調最高或者哪個音調最低。在這過程中我們可以看出，孩子們是不是能夠分得出高音或低音。

3. 訂個規則，比如誰的鐃鈸音調最高，誰就有走動資格，向右走到下一個位置（在他的鐃鈸聲音存續期間走）。但要開始走動還必須聽到外面另一件樂器，比如 d1 音小鑼的一聲響，才可以。這個開始信號是老師敲擊的，事先都跟學生約定好了。老師從後面過來，在學生背後敲擊。這是真正的聽取又聽從的時刻：只有孩子在聽到約定的聲響後，才能開始走動。每當發出這個聲響，那個率先走動的孩子，就必須重新再次開始走。而如何走動是孩子自己的決定，大人必須接受。

4. 在第一個孩子走到下一個位置時，那個位置上站著的孩子就可以開始向他右邊的下一個位置走了（同時也敲一下他的鐃鈸）。那麼第一個孩子就站在這個剛剛空出來的位置上。

5. 孩子們就這樣變換自己的位置，直到所有孩子都變換了一次自己的位置為止。

6. 在下一輪遊戲開始時，再次敲擊原來的起動信號，第一個孩子立刻帶著自己的樂器走向下一個位置。

7. 遊戲一輪接一輪地進行下去，直到沒有發生停頓與跌撞，整體運動很流暢為止。

8. 因為所有鐃鈸都是校過音的，那麼敲四次鐃鈸就是演奏了一個小小的曲調。每敲四次鐃鈸就來一次起動信號，於是也開始了新一輪的遊戲。整個隊形如同一種呼吸，不斷持續。

變換方案 1

用第二個小鑼（a1 音）作為遊戲起動信號。從鐃鈸音調最低的孩子開始，向左跑，其他孩子的動作同前。當低音鑼（d1）發出信號時，則以鐃鈸音調最高的孩子為首，開始向右跑。高音鑼響起，則低音鐃鈸向左移動。這樣，整個隊形就如同一種震動，在往復移動著。

幾何圖形的種類各式各樣，這點當然可以運用到我們的練習中。根據孩子們的性情及班級的氛圍，這種練習方式可以隨時變化。比如，每個孩子不是從一個位置跑到下一個位置，而是跑一圈。或者每四個孩子一組，同時向同一個方向移動。或者，大家都一起往中

聽鐃鈸餘音繚繞

心走，或者對角線站著的人互換位置。這裡重要的是，對每種不同的移動方向都約定好一個起動信號。在此練習的是傾聽與跟隨。

變換方案 2

在這四個孩子的每一人身後，都站著一個所謂的站位者。

這些站位者每人都有一個樂器。如果第一組跑位元的孩子用的是金屬樂器，那麼這些站位者就要選擇其他的樂器。因此，我們讓

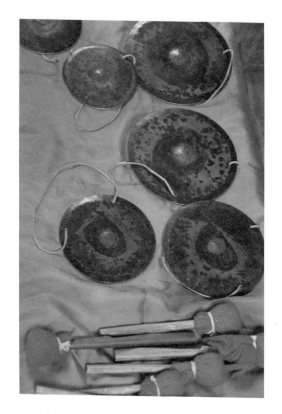

小銅鑼（Manfred Bleffert 廠產品）

每個人都使用兩個小的響木。如果第一個小組的孩子已經圓滿地結束了練習，那麼他們可以坐在地板上。第二組的孩子開始敲著小響木在教室內走起來，這期間一直有人吹著直笛，如果直笛聲停止了，那麼他們就回到原來的位置上。注意！注意力要一直集中在安靜的腳步上！要始終意識到自己本身的位置，要輕輕的落腳，同時還要敲著響木，還要注意在地上坐著的另外四個小朋友——這是一項要求極高的任務。

在一年級裡，這種簡單的隊形就已經夠了。對以後的各個年級，我們會講一些新的隊形變換，但不該僅僅限於四邊形，三角形的隊形會有全新的內容。令人高興的是，我們可以有很多的聲響器材使用，即或是簡單的石子，也能成為音響器材的滿意部件。發聲最出色的是叫作「火石」的石子（在波羅的海的海灘上，有很多這樣的石子）。許多孩子也能在他們的周邊找到合適的石子。

三角形站位練習

1. 老師把第一個孩子放到三角形的一個頂點處，然後問大家，誰能找到三角形另外兩個頂點的位置。多數孩子們都會示意自己能找到。在三個位置都有孩子站好了以後，給他們每個人一根細長而可吊起來的銅質音棒。這次可以用多音里拉琴的彈撥音作為起動信號。如果孩子們聽到了這個聲音，就提著他們的音棒小心走向中心的位置，並輕輕地相互碰撞音棒，讓它們響起來。音棒不可以用力相互撞擊（建議先演示一下動作）。如果每個人的音棒都是從高處移向中間的低處，那麼大家的音棒一起響，就會像一次碰杯。這些音棒互相碰撞以後，每個孩子就再回到自己的位置上去。

我們事先規定，當多音里拉琴彈撥出什麼音響，孩子們便應該怎麼走動。也就是說，要把一種琴聲解析為一種運動。現在，我們可以變化速度了。孩子們可以時慢時快的進行移動，時而以高體位時而以低體位的姿態來走動。 如果我們為三個孩子也確定了三個站

三角形站位的練習——拿著三個音棒

位者，那麼前面的三個孩子，在他們的音棒相碰發聲之後，就不再回到原來的位置，而是移到下一個位置，比如是向左移動一個位置。那麼這個練習的整體動作方式，便很像是一種舞蹈。

    2. 現在彈奏一個不同定調的多音里拉琴，規定好，這個三角隊形是向右換位的。一個老師助手或一個孩子來操控這個多音里拉琴。位置的交換可以有規律地進行，也可以無規律。例如，三次向左三次向右，或者一次向右四次向左，或者兩次向左三次向右，完全隨意。在這個過程中，每個孩子都應該信賴自己的聽覺。這是一個很好的練習，使孩子們對自己的耳朵有越來越高的信心。

    這個練習可以反復進行，直到練習中應該出現的節奏被大家掌

使用木質風鈴做走位練習

握為止。如果孩子們都體驗到了這個節奏,那麼整個教室裡就是一種安寧的氣氛。這種氣氛,只有在精神非常集中的時候才能感知到。注意:在開始之際,不要急躁,這個過程是不能強求的,這種安靜只能自己去體驗!有時候會達不到這個程度,那麼最好就停下來,等下次上課再繼續練習。

在這個練習中重要的是,注意孩子的運動。對孩子講:「注意聽啊!」是沒有意義的。最好說:「輕輕的移動你的腳,讓別人都聽不到你的聲音!」這樣每個孩子都會明白了。要做到這一點,需經過長時間的練習,才能聽不到腳步聲。這時候就要全班孩子一起參與了,向他們講清楚,他們的任務就是注意聽,除了樂器聲之外,是不是還能聽到別的什麼聲音。有些時候,班裡的孩子會過於吃力,

這時老師就要意識到，應該幫助他們了。當前，只有好的願望還不夠，應該把後面的練習推遲到下一節課去進行。

當每個孩子在走位時，我總是要說：「就循著聲音去走動，你們飛起來啊，飄起來啊！」老師的任務就是在此過程中，細心觀察孩子們的運動與聲音之間關聯得如何，他們的運動與其本身用樂器發出的聲音是否合拍、是否協調。在這過程中我們可以清楚的看到，孩子的身體演變成樂器了。成年人可以使自己的舉止與身體感受脫離開來，而小孩子與大人相反，他們還做不到這一點。他們與自己的樂器融為一體，此時孩子就是樂器。

在上面所講的練習中都應該注意，腳步應該輕盈，必須做到幾乎無聲的移動。老師負責發出起動信號，但在這個聲響發出前，他要營造一個短暫的安靜期。他要讓這個安靜期非常明顯，使孩子也一起感受這個安靜。每個合唱團的指揮，在舉起指揮棒時，都會營造這樣一個安靜的瞬間。這個短暫的吸氣瞬間，是最重要的時刻——在此一時刻，孩子們體驗到，大人們在注意聽他們。這樣，他們可以更好地自我控制並全力投入練習。如果老師在多年的教學中都注意到了這一點，那麼這就是一個好的習慣。這種提前傾聽，以及由此產生並為所有人體驗的緊張，是加強聽力的一個先決條件。

第一章裡曾提到，年幼的孩子是將自己的整個身體作為感知器官來使用的。那麼年長一些的孩子，他們的身體又是如何成為樂器的呢？為此，我們需要一個新的規劃：讓孩子學習身體音樂。

在一年級的時候，孩子們就可以把全部的身體投入到音樂的世

界裡，更確切地說，是浸沉在音樂的海洋中了。此時，孩子們就生活在聲音與音樂的世界中，音樂就像他們自身的一部分。我們可以看到，當孩子們在做運動時，他們能夠感知到周邊發出的所有聲響。如果，我們成年人也像孩子一樣的跟他們一起做運動，那麼我們能夠感知到的，可能只是孩子們所聽到聲音中的一小部分。他們的感覺器官尚未因為思維意識的擾動而變得模糊。意識需要寧靜，所以成年人在運動停下來以後，必須集中精力才能傾聽。而幼小的孩子，要聽什麼聲音，都需要伴隨著動作。如果他聽音樂，那麼他就要手舞足蹈，這樣就能更好的把這段音樂接受下來。這種從外在的形體運動，轉變為內在思維活動的過程，大約發生在八到十歲的年齡段。

獨創的自由

目前為止，我們所說的練習都是固定隊形，孩子們應該按照這個隊形來站位。讀者可能會有異議，在音樂教育中具有非常重要作用的獨創之自由，又體現在哪裡呢？

在音樂領域中，獨創的自由是個困難的課題。它涉及到某些非常敏感的微細過程，但作用是很大的。在我們前面提過的練習當中，一個孩子聽到了起動信號聲之後，他自己必須做出何時要開始動作的決定。他得確定速度與路線：是直接奔向自己的位置，還是拐個小小的彎過去？這個瞬間對於大人來說是最困難的，因為他們會滿懷期望地等待著孩子做出決定。大人們經常會禁不住喊道：「開始啦！現在該走了！」但這種要求不能說出口，而是要給孩子留出時

間去決定，因為這是我們所有練習中最寶貴的時段。如果孩子沒有立刻意識到該輪到他了，全班孩子和老師，都會默默地等著他，那是多麼緊張的時刻啊！而且，當孩子終於自己意識到了，那又是多麼輕鬆的時刻啊！在學校每天的教學活動中，這樣的時刻，表面上看是非常短暫的瞬間，但其意義卻非常重大。

　　大人們要學會保持沉默，並且要能夠自信的允許孩子有如此等待的一個瞬間，這一點非常重要。儘管孩子還很小，但就在這個安靜的瞬間，一扇大門打開了。

　　放慢生活節奏，在未來將會有越來越大的意義。今天，我們在日常生活的各個方面都在加快步伐。就連孩子也是處於緊張的狀態中。我們不能讓孩子在緊張匆忙的氣氛去體驗自己能否獨立做出決定，他們需要一個安靜的空間。身為老師，應該為孩子們準備並提供如此安寧的環境。

　　獨創的自由也產生於身體的擺動、呼吸等過程中，這些動作可以通過共同活動與聽力的練習，在孩子們中間傳播開來。練習伊始，不是一個指揮者在指揮，而是每一個孩子都可以決定自己的速度。孩子們在不斷尋求身體（他的自身運動）與樂器（聲音）之間的協調關係的過程中，依靠的是他們的自由體驗與發揮。我們將在往後的練習中逐漸看到，這種自由是如何不斷地擴大與發展。

　　當這種練習以多種多樣的形式，在安靜的運動氛圍中不斷進行時，孩子們就會產生創新的樂趣，會發現一些全新的練習方式。在班級裡就會出現很多關於做什麼樣的動作，以及怎麼樣做這些

動作的新點子。這時老師要努力的就不只是聽他們的講述，而是要真正的動起來！當孩子們看到他們的想法也是可以實現的，並且效果顯著時，他們的興趣就為之提高了，甚至還會蹦出新的主意來。告訴每個孩子，他的建議很好或者為什麼不好，是很重要的，其重要程度就毋庸多言了。這裡要注意的是，不要事先下結論，不要對孩子的某些點子直接說：「這不行！」要讓他們去嘗試，在嘗試中甚或在失敗中找到樂趣。而正是這種堅持、這種新的嘗試，在克服困難之後，才能使孩子成長起來。我還沒有見過哪個探索者的成功是一蹴可幾的。在我們以上所有練習中，基礎隊形都還是整齊的幾何圖形。就算是以這樣規整的隊形，仍然可以對孩子進行獨創性的意識教育。我們可以說，在孩子們能有自由活動環節的所有練習中，他們都會感知到自己的自由空間，也都會表達本身的願望。

　　當我在下面的練習中，使用跑與走這兩個動詞的時候，不是指普通的跑與走，而是指在地板上輕輕的放下自己的腳，只不過有時候快些，有時候慢些。當腳趾剛接觸地板時，應該輕柔，好比是在跟蹤某人一般。最好是老師先演示一下這種動作，低年級孩子們的模仿能力還是足夠的。在這個年齡段，演示的方法總是比枯燥的講解要好得多。當老師在演示各種可能性時，孩子們也可以偶爾閉閉眼睛。講完以後，他們可以提出哪些是他們認為最切合的。而他們總是能夠聽得出來，哪些最合適。

　　那麼，在整個練習過程中，那些坐在邊上聽的孩子們都在做

什麼呢？他們的確是全神貫注的在觀看。從鏡像神經元 [3] 的理論，我們知道，當人們本身在運動，或當人們在觀看別人運動，甚或只是在想像著運動的時候，他們大腦活動的強度都是一樣的（Bauer 2006）。不過每一個孩子還是都想到中間去——當然我們也要做相應的交換遊戲參與人的練習。

練習：交換遊戲參與人——一起唱歌

我們做個規定，每個剛剛參與過遊戲的孩子，可以選擇下一個孩子，並將其帶到自己的位置上，他本身則坐到那個孩子空出的位置上。等所有孩子都就定位了，則開始下一輪遊戲。為了使孩子們在這種集中精力的聽力練習中不致於太緊張，最好在練習換人的過程中安排全班孩子們一起唱點什麼。已經被選定參加下一輪遊戲的孩子，在自己位置上安靜的站好。其他孩子則唱著歌在他們中間走過去。這首歌唱完了，他們就回到自己的長凳上坐好。接著就是新一輪的樂器發聲與聽力練習。

變換方案

有時我會唱著歌在教室裡踱步，一面走一面拍拍某個孩子，按約定，被拍的孩子就跟在我的身後走，大概有六至七個孩子。如果

3　譯注——Spiegelneuron，鏡像神經元於 1992 年被提出，是指動物在執行某個行為以及觀察其他個體執行同一行為時都發放衝動的神經元。鏡像系統與自閉症之間的關聯仍是假設性的理論，如何用鏡像神經元來解釋自閉症的許多重要特徵仍有待研究。

我的歌唱完了，大家就站在原地不動。然後我閉上眼睛，孩子們就悄悄的，盡可能無聲無息地回到他們的原位。這整個過程可以不斷重複，每次換一組新的孩子。

練習：「樂隊遊戲」

孩子們多數都喜歡樂隊遊戲。當一個大鑼在教室裡敲響之後，全體孩子立即開始走動，並且把他們以前隊形練習中使用的樂器拿在手中演奏起來，孩子們將此稱之為「樂隊遊戲」。當鑼聲停止後，孩子們又回到自己原來的位置上。這個歸位過程中重要的是，不要求他們盡可能快，而是要求他們盡可能悄聲的回到原來的位置。這個練習的目的不是做第一名，而是最後一名，因為只有「他」才能被大家同時關注！有些孩子特別享受這個時刻。

有的時候，光只是一個小組演示這個練習，就占用了一個課堂的時間。無論這個練習做的時間長或短，重要的是，必須達到這個練習要求的目的。如果發現孩子沒有興趣走位或碰撞自己的音棒，那麼最好放他們去休息。這個練習的關鍵是傾聽，主要是傾聽老師的聲音。音樂老師的主要工作是，熱愛並關注孩子的心聲。

活潑與嚴肅

每位老師都清楚這樣的情況：正在上課時有人敲門，老師的注意力只能暫時從學生那裡離開，而學生們屏息靜聽的氣氛則已蕩然無存。造訪者走了，留給老師的問題是，他該如何重新建立靜心傾聽的

氛圍？在剛才的中斷點上，要能成功的接續下去是非常困難的。

　　在這種情況下，沒有什麼已然成型的辦法。要找到適當的對策，那就是一種藝術了。在任何情況下，保持幽默很重要，這種中斷畢竟不是孩子的過錯。如果在這個中斷點上無法重新開始，那就只好把全部樂器放到一邊，停止練習。有時候，我在這種情況下就會做一些節律性強的語言練習。教師手邊應該隨時準備著一兩段格言，因為語言練習總能幫助我們，讓學生的注意力重新回到一個新的水準之上。

　　但是注意力這根弦也不能繃得太緊，過長時間的聽力練習，會使整體的情緒轉向其他方向去。

　　我們可以在練習中做些變化，比如讓一個孩子把樂器傳遞給另一個孩子，這種傳遞動作，也同樣需要練習。在傳遞過程中，應該小心對待樂器，不能讓樂器掉到地上，不能讓樂器發出聲響。直笛不能做鼓槌使用，普通錘也不能當作樂器擊打錘來使用，這是應該不斷反復強調的。愛護樂器跟愛護他人一樣重要。在這方面，大人也是孩子的榜樣，因此，大人們應該注意自己是如何拿取樂器，又如何放置樂器的，因為這是在培養孩子們的正確舉止。在我的學校裡，這種訓練方法我已經使用多年。我們靠牆裝了一排櫃子，專門用來放置各種樂器。櫃子是開放的，每個學生都可以拿得到。但孩子們沒有一個人會隨意過去拿。他們明白，我是多麼愛惜這些樂器，而他們也同樣珍惜。

　　在一個練習結束而要交回樂器時，經常會有一陣短暫的混亂。

從一個有序狀態到混亂狀態的這段時間，是某些孩子所難以忍受的。他們會感到很不安，於是開始喧鬧，並突然在教室裡跑動，或者他們就退縮到一邊去躲起來。但是如何對待這種失序狀態的出現，也是我們日常教學活動中的一個正常部分。我們有目的的做這個交付樂器的練習，也會為班級的社會生活打下一個良好的基礎。

在我的音樂課上，始終有一條原則：唱歌的時候，或者有樂器響起的時候，就不可以再講話了。對很多孩子來說，這是一個巨大的挑戰，因為很多人已經習慣在課堂上不斷的講講話。但是這個原則對我來說很重要，孩子雖然不能總是遵守，但是可以接受。每個練習都會取得一種成果，那就是，練習參與者的水準可以不斷的提高，這個「不講話」的練習也是如此。如果我們從這個角度來看，就不需要進行道德方面的說教，甚或抱怨他們。整個教學過程需要嚴肅的對待，而與孩子們的交流卻是輕鬆的課題。儘管教學活動是認真的，但認真不能損傷輕鬆。我們要保持嚴肅與活潑之間的平衡，這裡就需要技巧。

作為音樂入門階段的幻想

參與練習不應該成為痛苦的負擔，相反的，在聲音與運動方面的練習，以及在與他人配合方面的練習，應是激勵人心的美妙任務。練習意味著一直重複同樣的事，只不過是以不同的方式一再地出現而已。我們音樂課的目的是認真的去觀察我們做這個事或那個事的時候，發出的聲音如何，並在觀察中發現新的可能性。這些練習當

然也可以為家長們演示一下，但這只是練習過程的一個美好展示。上課的目的不在於表演，我們上課的目的是練習。孩子們在這個年齡段還不適合去練習表演，而是讓他們在聲音與動作的協調方面，不斷地達到更高的水準。從通常的意義上來講，這種練習還算不上是音樂課，但是這種練習給孩子們提供一個機會，喚醒與強化他們的音樂潛質。人們也可能還會有這樣的問題：難道這真的就不是兒童的音樂嗎？或者，真的有一種兒童的音樂嗎？我們說，當然有！當一個樂聲響起，或者一個童音唱起來，那麼＋這不是音樂嗎？當一個孩子彈奏出一個音響，一個他自己的音響時，他對這個聲音的感受，不是要比那些技術上高水平但卻毫無感情的演奏，要來得深刻多了嗎？

開始的幾年裡，樂器方面的練習只是日後音樂學習的一個準備工作。在這個階段，孩子們的樂器就是他們自己身體的一部分。因此這幾年對於孩子們音樂潛質的成長是很重要的，以後當他們在學習音樂的時候，就能夠追溯到這種身體的體驗。透過大腦研究方面的成果，我們也知道，在童年早期形成的感知，會給予往後眾多可能的發展創造出一個空間來。早期的兒童音樂教育，不應採取從一般音樂教育大綱簡化而成的兒童教育大綱，然後就讓孩子與青少年們去學習這些內容，如此作法毫無助益。在這個年齡段應該採取另外一種音樂教育的方式。對於學校六到九歲低年級的學生來說，音樂教育就是一種身體教育，一種讓身體運動與音樂聲響聯繫在一起的教育。在教育領域裡，很少有什麼成績是通過筆直的道路取得的，

因此必須要多方面探索，走些間接的道路。不過成績的取得，還要看這些間接的道路是如何構成的。

　　當人們明白數字的含義時，才可以學習計算。當人們能夠理解文字通過哪些音素給我們傳遞資訊時，才能更好的學習書寫[4]。（閱讀障礙者經常聽不出來正確的音素！這種情況也可以通過有目的的聽力訓練來糾正。）當人們在童年早期對顏色的特性已有瞭解時，才能更好的學習繪畫。當人們能夠感覺到自己與聲響、音調以及節奏的關係時，當他已經能夠隨著音響與曲調來做運動的時候，才能更好的學習音樂。這不僅僅是能夠機械式地描畫樂譜符號或記住音階，而是要能夠領會到：那裡發出的音樂聲，是與我有某種關係的！

　　在所有的聽力與運動練習中，總是有集體活動的內容伴隨於其中。在排列特定形狀的隊形時，如果一個孩子要參與到流動的隊伍中，他就必須看到或者聽到整體隊形的狀態。這種隊形的變換，只有在所有參與者都同時動起來以後，才是流暢的（參見Csikszentmihalyi 1992）。

　　這樣，就產生了愉快的氛圍，在這種氛圍中，就激發起孩子們的想像力了。

練習：在圓環隊形中的自由選擇

　　在隊形練習中，當然也可以選擇圓環隊形。我們建議，這個隊形讓七個或八個孩子來練習。這樣，所有的孩子都能夠看到整個隊

4　譯注——作者指德文的書寫。德文是拼音文字，只有發音正確才能書寫正確。

形。這裡的規則同樣是：少數孩子走動，多數孩子觀看。

　　這七、八個孩子，每一人都有一件普通的發聲樂器，諸如沙錘、響木、石板、三角鐵、小鼓、鑼等等。老師也身處於這個隊形裡，他首先開始走動，在手中樂器不斷奏響的狀態下，走向隊形裡的某個孩子。當他在那個孩子的身後站定時，便停止手中的樂器。這時，前面的那個孩子，邊奏響他的樂器，邊走向另一個孩子。這個練習當中的一個難點在於，這個孩子要決定他走向哪個孩子。我們經常看到一些孩子長時間的看著佇列中的其他孩子，或者在佇列中走來走去，到最後才做出決定選擇誰。每當一個孩子必須做出自己的選擇時，都會有這樣的遲疑過程。那麼，我們就應該給他們一個這樣的時間去考慮，耐心等待他們做出自己的選擇。此外，在這個過程中，我們也可以清楚地看到，對於這麼小的孩子來說，每一次選擇都是一次挑戰。

　　讓孩子們在走動中做出自己的決定，與在場外指導孩子們去做決定，兩者的效果總是不同。在這種要自己做出決定卻不引人注意的瞬間，孩子們會建立起自信心與主動的精神。學校可以是一個不催促孩子的地方，可以是一個不要求孩子去追求快速的地方。學校應該對每個孩子都給予其所需要的時間。事實上，孩子們之間的差別還是很大的，所以如果哪個孩子在這個練習中沒有什麼成效，也不必著急。總會有一些孩子進步快些（有的還非常快），而有些孩子就需要較多的時間，而大部分處於中間狀態的孩子們，都能夠獨立的完成練習所要求的動作。因此，總需要做些平衡。

　　這個練習的隊形可以在一定的時間裡來回的移動，走動的孩子與周圍傾聽的孩子也可以互相交換。但是，傾聽的角色總是在更換中。這種交換也是一種練習，而不是一種單純的過渡狀態。

直笛與兒童豎琴——熟悉七聲調式

　　在一年級裡，除了傾聽與走動練習以外，還要經常練習唱歌，最好是在走動練習的過程中來唱歌。剛開始的時候，是學習彈奏兒童豎琴，一種七弦的樂器（關於這個樂器下文還會講述）。而開始階段的一些練習中，我們是使用五度音程的直笛來演奏的。在我們學校裡，用的是上世紀六〇年代出品的科樂耳（choroi）直笛。

　　開始階段，我們用的是適合我們練習的簡單短小的一些曲調。練習演奏時，孩子們不可以看著老師的手指來演奏。老師要站在孩子的背後或轉過身去。這樣，孩子就只能聽到老師演奏的直笛聲。單單找到第一個音就是一個了不起的成就了，因為孩子們會體驗到，唯有通過不斷的嘗試，才能達到最終的目的。這是一個純粹的聽力訓練，但多數的孩子們都需要用點時間來尋找音調。

　　在這種尋找音調的過程中，我們可以瞭解到孩子的很多情況。比如有些孩子乾脆就不吹奏，因為他們知道，他們不可能一下子就找到那個音調，於是乾脆就放棄了。另一些孩子，興奮的吹奏出所有的音，但依然找不到我們指定的音調。在這過程中我們要關注的重要問題是，孩子是用什麼方式來尋找這個音調的，而不是關注哪個孩子是最快找到這個音的。在尋找指定音調的過程中，我們可以

看到很多有關孩子學習行為的問題。正是在這種找尋音調的過程中，孩子們才可以體驗到他們要做的就是消除失誤。只有發生失誤、消除失誤，才能找到正確的路！只有通過失敗，學習才能成功。在這過程中，如前文所提到的，會有某些孩子在尋找音調時不會有失誤。但也還有很多孩子，在多次失敗（或者多次尋找音調）中，體驗到的都是負面的感受。他們已經對「無法立刻找到調」產生懼怕了。實際上，在我們社會生活中，教育與宣傳已經過多的為我們樹立了「什麼是完美」的形象。這使孩子們明顯地感到壓力，他們擔心自己不能很快變得完美。孩子們聽到的每一張 CD 碟，播放的都是完美錄製的音樂。如果孩子們被完美的歌手與演員包圍著，那麼他們就很少有勇氣來接受自己的短處。對一年級的學生來說，就更加困難了！小孩子的這種自我否定的現象，還與孩子們越來越早的成長意識有關。因此，必須給孩子們牢固地樹立這樣的觀念：即或給他們演示了一個音調後，他們還不能夠馬上就正確的模仿出來，這也都是正常的，沒有關係。我在這種活動中，有意識的不談論音調的正確與否。正確與錯誤的說法，要小心的使用。

可以安排若干孩子，一對一對的用幾個很短的曲子做這種找調的練習。這種一問一答式的演奏練習，不僅在老師與學生之間進行，在兩個孩子之間也同樣可以做得很精彩。

有時，老師用手來表達音調的高低，也是很有幫助的。把左手放在身體中部，表示開始音階。右手用來表示從此音階開始的、要演奏的音調的高低。

　　這裡有很多不同的練習方式：

　　老師演奏一個曲子，大家跟隨。方式是：每當老師奏出一個音，大家馬上跟著奏出這個音，如此完成該曲子的演奏。

　　老師先演奏一段需要記住的曲子，最好演奏兩遍，然後，孩子們根據記憶演奏出來。

　　老師也可以演奏一段孩子們都熟悉的曲子，比如孩子們都唱過的一首歌曲。

　　老師還可以這樣演奏直笛，讓手指重重的打壓笛孔，以致發出敲擊感的曲調（當然此時，就不吹這個直笛了）。

　　或者，用直笛敲擊手部，敲擊胳膊，或敲擊大腿也可以，因為每個敲法的聲音都不同！可以先敲擊出一段節奏來，然後大家一起重複敲擊這段節奏。或者以這種方式敲擊出一個大家都熟悉的歌曲的節奏來。

　　所有這種類型的問答式遊戲，都會給孩子在學習中帶來樂趣（參照 Beilharz/Kumpf 2005）。

　　而通過兒童豎琴的演奏，同樣能反映出他們學習方面的問題。使用新的樂器，這種絃樂器，他們可以從一個新的視角（或者說「聽角」）出發，來進行類似的練習。孩子們現在可以看到琴弦，但是直笛的孔在演奏時是看不到的。孩子要感知到這些孔，就需要有自身的動作感，也就是傳遞著身體各部分動作時的感覺。在這些練習中，我們會經常看到，孩子們感覺不到他們的手指是按在直笛的笛孔上，還是按在笛孔旁。因此，對他們的觸覺，同樣得進行訓練。

　　豎琴的右側是低音弦，左側是高音弦，但這對孩子們的聽覺幫助並不大。因此我在開始時，用的都是單音調的曲子，然後再唱任意兩個音調的歌，這兩個音調是孩子們自己確定並演奏的。這種練習，可以在一段較長的時間裡，不斷地重複，每次使用不同的音調與歌詞。這樣，老師可以有足夠的自由發揮的空間（見次頁圖）。

　　當孩子們在一年級裡學習繪畫時，他們在整個一年裡，都只能使用三個基本顏色，黃、紅與藍。那麼這些顏色的相容性如何？藍色與紅色可以混合嗎？如果黃色與藍色混在一起，又是什麼顏色？同樣的，我們也可以感受一下聲音混合的效果如何。只藉由少量的幾個音，使用豎琴，在一段較長的時間裡，耐心的來做這方面的體驗。

　　這裡說的耐心問題，只是成年人的感覺。我們成年人喜歡很多音一起響起來的感覺。但是這種多聲部和絃，對小孩子來說要求過高了。

　　在這個階段，可以使用與直笛或兒童豎琴音高相應的科樂耳手持式共鳴器或者小的定音鑼，效果是很好的。此時，每個孩子都能打擊出一個自己的音調，並且體驗到：我就是這個音！我能把我自己與這個音結合在一起，當我走動的時候，這個音也隨著我走動。一旦孩子們對音樂有了身體方面的體驗，那麼他們就會把自己與音樂更緊密地結合起來，因此也更深刻的理解了音樂。尤其是在我們當前的環境裡，有越來越多虛擬世界進入孩子生活的情況下，這種讓孩子全身心投入音樂的體驗，對他們是具有很重要意義的。為了認識這個世界，人們就必須有良好的感覺能力，必須能感知自己動作的實際邊界（Auer 2007）。

兒童豎琴演奏用的幾個歌曲，取自 Julius Knierim：
< Quintenlieder（五度音歌曲）>

　　如果我們開始時，就練習彈奏少量的幾個音，讓孩子們用聽的方式，而不是單純靠看的方式來識別這幾個音，那麼，在他們日後音樂實踐的領域裡，就會建立起一種基本的自信。因此，五音直笛與兒童豎琴，是這個階段的理想樂器。在各種發聲器件中，這兩種樂器能有效的引導孩子進入他們的音樂世界。

練習

七個孩子，每人手中拿一個定音鑼或一個科樂耳手持式共鳴器 [5]（它們的音高為：d1、e1、g1、a2、h2、d2、e2）。老師先指揮他們演奏出一個音階順序，然後全班同學用兒童豎琴或五音直笛按此順序來演奏。

比較重要的是，這個需要記憶的順序，或者說曲子，應該至少先演示兩遍。並非每個孩子都能聽完一遍就完全記得。當然，曲子本身也應該簡單只有幾個音。

練習也可以反過來進行：

先為使用直笛的孩子演示一個這樣的曲子，他們必須重複一遍，然後，使用定音鑼的孩子，也要再重複一遍這個曲子。

如果我們沒有響筒或者定音鑼，那麼也可以讓七個孩子使用直笛或兒童豎琴，給每個人規定一個音，這仍然是一個人造音階。然後做同樣的練習。

在三年級上學期之前的階段，單一音階的練習對孩子們來說已經足夠。這一點看起來不言而喻，但我仍想再次強調，對這種練習的不滿意，多數來自家長。我們一直到五年級還不時地唱一下單一音階的曲子。事實上，如果我們不是過早的用鋼琴或吉他來陪伴孩子，而是讓他們學好如何傾聽自己的聲音，那麼他們就既不失去歌唱的樂趣，也能很快地融入音樂。而來自孩子的不滿足，看來只是

5　譯注——Handspiel 見圖例如 http://www.myworldofpercussion.de/pi/Handspiel-2-Toene2.html.

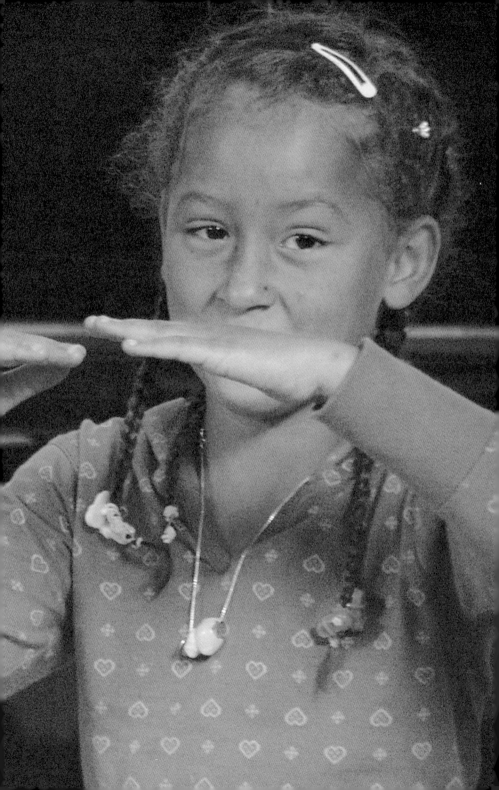

因為這種五聲調式的練習沒有及時升格為七聲調式的練習。如果我們作為教師錯過了這個時間點，那麼孩子們的表現是會有所提示的。重要的是，我們得及時地意識到這種不滿足的情緒。

在我從事音樂教師工作的最初幾年裡，我經常錯過這個升格的時間點。那時孩子們會說，你的歌都太無聊了！剛開始時，這話令我不知所措。為何此前大家都一直很高興唱著的歌，一下子就不那麼喜歡了呢？能幫助我的，只有親自去探究原因，任何情況下都不能怪罪孩子。孩子們有不斷進展的需求，這個進展的速度只有他們的心裡最清楚。老師的藝術在於及時地意識到此一時間點，透過新的要求，引導並陪伴他們繼續前行。也就是說，做那張希臘油畫裡面的提燈引路者。

圖片與聲響

在低年級孩子的音樂教學中，重要的課題是要弄清，講故事是不是必要的？把音響或樂曲搬到第一線上來，是可行的嗎？根據我長期的職業經驗，我要說，我們的站隊走動練習可以完全代替講故事。聽音站隊練習就是一張圖片，我們不再需要什麼圖片來講解音階問題。

圖片是表達某種形象的，別人可以把它畫下來。一個音畫不下來。它是一個音調，是表達自身感受的。在音樂與發聲表達中，圖片已然失去了它的直觀意義。有人會在琴弦上做些標誌來作為定音的輔助手段，它的作用與圖片是同一級別的。有時候，如果實在別

無他法了，這種作法還算勉強可行，因為對某些孩子還是有幫助的。不過作為老師應該清楚，在這種情況下，聽力訓練會顯得不足。這個問題應該對學生進行調查加以確認，並在教學工作中予以補償，而不是空談這樣的問題是應該用色彩或圖片來解決。

音樂表達的是作者本身的感受，它不能像圖畫一樣被臨摹。Smetana（史麥塔納）[6] 寫了 *Die Moldau*（〈莫爾島河〉）」，或者 Mussorgski（穆索斯基）[7] 寫了 *Bilder einer Ausstellung*（〈展覽會之畫〉）這樣的音樂作品，都是作者內心的表達，我們沒有資格也不可能代替他們再用音樂來描繪他們的感受。孩子，即便還是很小的孩子，也仍然是我們時代的同齡人。那些音樂家用音樂表達感受的風格，雖然至今在各個領域仍有影響，但作為那個時代音樂特徵的世界已然成為過去。這些音樂畢竟不是孩子所屬的世界。

我們在教學過程中，不能把一般的教學內容按兒童劑量縮減一下就可以了。我們應該看到，孩子在這個年齡段最需要的是什麼內容。我們應當相信音樂固有的感染力，它要表達的是音樂本身，而不是為了表現其他內涵而降低其身價。如果要求孩子們為某些故事做音樂伴奏，並且把這個伴奏就作為音樂課的內容，我認為，那就不是音樂。我們經常看到，孩子們在樂譜本子裡畫一些圖畫，而這些圖畫與音樂課毫無關聯。在音樂課結束的尾聲，應該讓孩子們安

6　譯注──捷克音樂家 Bedrich Smetana，1824-1884。

7　譯注──俄羅斯音樂家 Modest Petrowitsch Mussorgski，1839－1881。　樂曲 《展覽會之畫》是他重要的代表作。

靜下來。畫一張畫，的確可以收效，但，運動過後在音樂伴隨下的安靜，是品質更高的安靜。

傾聽，能讓全身進入寧靜的狀態。它可以如天使般在夜晚陪伴著我們，讓我們徹夜地放鬆，從而煥發新的活力。很多人在看完音樂會演出後，還會在夜間醒過來，似乎當晚所聽過的，朦朧中又再重新演繹了一遍。如果樂器是某一知名品牌，比如 Schmiede von Manfred Bleffert 或類似廠家的產品，這些樂器的聲音更讓人在寧靜的夜晚感到餘音繚繞。對於音樂課上進行的每一項音樂活動，我們都應該考慮到這樣的問題：這種音樂能夠成為心靈成長的養分嗎？或者，它們只是一種聲響而已，不能實現我們始終追求的心靈共鳴？

一年級的孩子，在表演童話劇時，音樂可以作為切換場景時的一個串場表演方式而出現，但不可就此將音樂當成了表演的背景。如果有巨獸登場了，或者黑熊出現了，那麼需要為此響起鼓聲嗎？我寧願讓人們說我是純粹主義者[8]，我也不能讓音樂充當這種角色。我們這裡談的是音樂的傾聽，而非透過畫面來表達。細心的人可以體驗到，好的電影音樂會帶動觀眾的緊張情緒（例如，巨獸向英雄走來時響起鼓聲，這裡的鼓聲就是電影音樂）。然而這個過程中到底發生了什麼？鼓的聲音增強了畫面的表達效果，但是這個聲音並沒有讓觀眾的注意力集中到鼓聲上去！相反的，畫面與通過器樂增強的緊張感，在在都讓人們忽略了聽覺的感受。對英雄所處環境的

8　譯注——Purist, 指在語言，藝術等方面過於嚴格遵守傳統規範的人，也稱純粹派（法國 20 世紀初的一個藝術流派）。

恐懼，引導觀者與聽眾進入各種可能的感受中，但這卻不是他們對器樂聲響的感受。而對聲響的感受，正是音樂課念茲在茲的訓練內容！大人們對待音樂的態度越是嚴肅，孩子們對音樂就越是能尊重。儘管在音樂課中我們應該為孩子們帶來歡樂與興趣，然而一旦談到音樂的問題，還是應該將它視為一個嚴肅的話題。

我從事兒童教育二十多年一直感覺到，一年級還不會辨別音高的孩子，完全可以在二年級或三年級裡再去學習辨別音高。如果到了三年級還是無法分辨出兩個音高的差別，那麼我們才應該嚴肅地審視這個問題。不過在一年級與二年級，如果無法可靠地聽出音高，那還算是正常的現象。

一個曲子，如果我隨著它一起運動，比如將手臂隨著音高來做抬高運動的話，那麼我就能準確的掌握該首曲子的運動蹤跡。我因此能將一首曲子，變成一個看得見的運動，這便是音樂優律思美的基礎。一個曲子的可視形式，就是在房間裡的這類舞蹈動作。如果這種做法得到了大家的接受與認可，那麼在低年級裡，需要為音樂課設置一個體操教室就沒有任何問題了。這樣，在音樂課上，孩子們也就不必整堂課都得老老實實地坐在凳子與桌子後面來上課了。

一般的經驗是，孩子們很容易接受用圖片表達之形象教學的內容，而不是枯燥的解說。但在音樂課堂上，講解聲音與音樂之際，圖片就不是一種切合的方式了。如果我把音階的名字教給孩子，或者指出琴弦的位置，他們可以很快地在兒童豎琴上演奏出一個曲子。這當然很有趣，但對於培養聽力來說，這樣做並無任何助益。我在

開始的階段，如果對聽力培養投入的時間越多，那麼這扇大門一旦打開，孩子們的進步就越快。如果我在本來能夠開啟的聽力大門上貼上一幅圖畫，那麼它裡面的房間就被占據了，這扇門就一直是封閉的。

在圖畫與聲音這兩種教學方式之間沒有清楚區分開之前，沒有任何必要在音樂課裡與孩子們一起做運動練習。如果最後准許孩子們做運動練習了，教學計畫也是按照培養聽力的方向而制定，那麼我們也就不再需要在音樂課中為孩子們講故事或畫圖畫。

Wenn frühe sich entzündet

Text: Graf von Spee
Musik: Reinhild Brass

1.Wenn frü - he sich ent-zün - det der sil-ber-wei-ße Tag, ___ und

klar die Sonn ver-kün - det, was nachts ver-bor - gen lag. ___

2. Die Lieb in meinem Herzen
Ein Flämmlein zündet an.
Das brennt gleich einer Kerzen,
Die niemand löschen kann.

二年級

使用樂器的有關問題

一年級的孩子們已經學到要愛護樂器，要用心演奏，讓它發出悅耳的聲音。現在，我們的幾何隊形的站位練習，也可以升級了。

練習

三角形的站位練習（見一年級），現在可以再加入一個三角形了。

第一組的三個孩子，每人手中提一個銅質音棒。第二組的三個孩子，每人都站在第一組孩子的二人中間，手中提一個鐵質音棒。現在使用兩個不同音調的多音里拉琴或單音里拉琴，或者兩個不同音高的銅鑼，作為行動開始的信號。當它們響起時，兩組孩子中的一組就開始走動。兩個組交替走動，比如，一次是拿銅質音棒的三個孩子走向中心，並讓手中的音棒互相碰撞發出音響。下一次則是拿鐵質音棒的孩子做同樣的動作。每個孩子從中央位置上退回來的時候，可以回到他下一個相鄰孩子的位置上。

每一個拿音棒的孩子後面，都站著一個手拿響木的孩子。當這些三角形的站隊，在不斷膨脹收縮中移動的時候，整個隊形看來更像是舞蹈。這時，我們發出一個信號，比如讓沙錘響起來，那麼，

響木與音棒

應該那六個拿響木的孩子開始走動了。他們可以在教室裡隨意的移動，在移動中，他們手中的響木要一直敲著。而只要沙錘在響，他們的這種走動要持續。如果沙錘停了，孩子們就要回到他們原來的位置上去。這一切都在安靜中進行，慢慢地進行。注意力還是集中在放輕腳步上。腳步的聲音越輕，聽覺的活力就越強。

變換方案 1

　　現在，孩子們的直笛已經吹得很好了，他們可以六個人一組，使用直笛，作為占位者參與進來。雖然他們不是在走動中吹奏直笛（孩子在十歲左右，才可以做到這一點，因為這個年齡以後，孩子在走動中才不會氣喘），但是他們可以站在原地，六個人輪流著吹奏一個很短的曲子，這就是所謂的曲子傳遞練習。（如果我們讓孩子

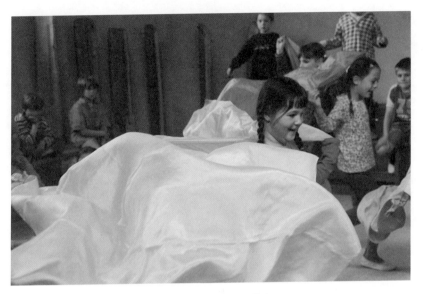

在鐃鈸的伴隨聲中歡舞

過早地在走動中吹奏，他們只能邁一步吹一個音。我們會聽得出來，這對孩子的要求過高了。）

　　這種幾何圖形的站位練習中，重要的是，無論他們是在傾聽的過程中，還是在某種運動的方式中，都要有不斷變化的內容。練習中走動的快慢變化，金屬與木質聲響器件的輪動，金屬器件與直笛、木質器件與歌唱……等之交替變化，使得這種練習隊形看起來就像是一種起伏的呼吸運動。在聲響器件的變換方面是沒有限制的，變換的花樣越多，效果越好。

變換方案 2

　　六個占位者，每人手中拿一條絲巾（我們有各種顏色的絲巾）。當直笛響起來時，他們就把自己的絲巾在頭上方揮舞起來，

並扯開絲巾，在教室內揚帆飛舞。（這樣的練習中，孩子們頭腦中還是要有圖像意識的，因為這裡表達的是大家的動作，而不是聲音。）孩子們應該像蝴蝶般在教室內穿梭，腳步要輕盈，要做到聽不出腳步聲。

變換方案 3

六個孩子，不是同時揚起絲巾跑動的，而是響起一個啟動聲響後，就有一個孩子跑到下一個孩子的位置上去。整個周邊的六邊形就處在移動的狀態中了。也可以約定，響起另一種啟動聲響後，每次跑動的孩子是二個或三個。通過這種方式，孩子們還可以對數學進位的性質有新的認知。多次參加這種練習的孩子，他們就不會忘記二乘以三等於六了。

變換方案 4

六個孩子站成六邊形，每個孩子手中有一付鐃鈸。在他們身後還站著一些拿著小手鼓的孩子。當響起一個預先約定好的聲響後，六個孩子中，站在對角線上的兩個孩子就向對方走去，並交換彼此的位置。三乘以二也等於六！

與此同時，拿手鼓的孩子，在外面走完一整圈。也就是說，他們每個人都從自己的位置出發，依次經過以下每個孩子的位置，最後回到自己原來的位置上。這個走位練習的約定聲響信號是由一個大三角鐵發出的，當所有孩子都回到自己的位置上時，三角鐵的聲響就該停下來。它的聲響，既是走動開始的訊號，也是走動結束的訊號。

變換方案 5

只有幾個孩子參與練習，其餘的人坐在外面。在每次練習的間隔時間裡，大家一起唱歌，這樣就使坐在週邊的孩子們也能參與練習了。在唱歌的時候，所有沒拿聲響樂器的孩子就在教室內任意走動，但相互不能碰到。這種自由走動練習，大家不能任性為之。這個過程中，可能會出現很多其他動作，例如推、絆、捏，甚或類似的動作，這些都必須避免。

四邊形站位練習（見一年級部分），也可以相應的升級。在原來四邊形的基礎上，現在要插入第二個四邊形。

在這種練習中，孩子們一直是聽聲音的。事先約定好，啟動信號響起以後就不可說話了，練習必須在安靜中進行。整個練習的節奏，可以通過啟動信號來調動或改變。

只有當隊形已經嚴重變形，孩子們無法確定本身的站位了，抑或出現喧鬧了，練習才終止。

練習的結束，與練習的開始同等重要。如何讓孩子們把樂器都放回原位，並安靜地回歸自己的座位，這也屬練習的一部分，不能等閒視之。教師應該決定，或者讓每個孩子自行把樂器放回原處，然後回到自己的座位上。那麼，練習的結束過程中就會有一段喧鬧的場面。或者，預先約定，在響起直笛的時間裡，所有孩子一起把自己的樂器放回原處，然後一起悄聲地回到自己的座位上。教師絕不能在面對練習結束的場面時不知所措，應該事先考慮好怎樣結束這場練習。比如，可以將一塊布墊放在中間，讓孩子們把樂器放到上面去。

練習

所有孩子都坐在地板上，圍成一個大圓圈。

一個孩子手裡拿一副鐃鈸，一面打著鐃鈸一面繞著圓圈走。然後，他站在一個孩子的背後，並停止打鐃鈸。如果位於他身前的孩子意識到停的就是他後面（有的時候這也會需要一點時間才能反應過來），那麼那個孩子就拿起鐃鈸，像前一個孩子那樣繼續圍著圓圈走，並再找出一個孩子在他背後停下來。孩子能意識到有人停在身體後方並做出反應，這需要一段時間，而且是一段寶貴的時間，在這段時間裡，我們不應該從外面打擾他。這個醒悟時間段帶來的是發現自我時巨大的快樂。比起由別人為他提醒這件事，由自己發現的價值要高出許多。

發現的含義

我小時候，每當復活節早晨都到處去找復活節蛋。一旦找到了一顆蛋時，那是何等的高興啊！一件非常有趣的事是，我的六個哥哥姐姐們比如已經在樹杈上發現最後一個蛋，但他們卻故意讓我能在最後找到那顆蛋。我能找到蛋了！這讓我覺得一下子進入了大孩子的行列。尋找，就是一種發現。成為發現者，儘管只是復活節蛋的發現者，也是一種重大的成就！哪個孩子不想成為一個發現者啊！被發現的，不盡然非得是美洲不可。但那發現的一瞬間，即使只是個小東西，對於一個八歲的孩子來說，卻是非常重要的。相對於整個人生，這個發現可能只是一個短暫的瞬間，但我卻必須強調

一下這個瞬間的特殊含義，因為它讓孩子體驗到：大家都知道這是我的成功！大家都在看著我！

孩子通過成年人的幫助，透過自己的感知能力，他本身就體驗到了發現的樂趣，因此也就增強了自我意識。「大家都在看著我，這就是我！」這話也是笛卡爾[1]曾表述過的。我們小時候不免常有一種經歷：老師根本就不看學生，也不聽學生們說什麼！但我們卻非常嚮往被關注，不但是身為小孩子嚮往，甚至終其一生也都嚮往，嚮往著友好與關愛的環境。在學校建立起來的親密關係，是一切學習行為的基礎。這裡所說的親密關係，既有學生與老師的關係，也有學生之間的關係。為學生營造並不斷維護這樣的學習氛圍，是教師最重要的任務之一。

老師是觀察家

我讀中學的時候，音樂課上有時要每個學生一個個輪流唱歌，唱完之後，老師還打分數。我有兩位好友，她們每次都很害怕這樣唱。於是，當面臨這種考試時，我就會坐到她們後面去，悄悄地替她們唱。她們只需要動動嘴，而聲音是我的，當然我還得改變一下嗓音，而老師竟然也真的不曾發現。這事使我們非常高興，儘管我們沒有認真對待老師，但老師也沒有覺察到這場騙局！這事很荒唐，但也很清楚：

1　譯注——Descartes，笛卡爾，著名的法國哲學家、數學家、物理學家。他對現代數學的發展做出了重要的貢獻，他還是西方現代哲學思想的奠基人，他的哲學思想深深影響了之後的幾代歐洲人，開拓了所謂「歐陸理性主義」哲學。

老師根本就沒有把我們放在心上，她沒有在聽我們唱什麼！

因此，老師在進行課後回顧時，必須要給自己提出的幾個問題，這還是很重要的：班上的每個孩子我都聽過了嗎？誰今天來唱歌的時間太短啊？有誰願意下次上課時，有更多時間為大家歌唱啊？

隊形站位的練習中，可以透過下面方式讓大家皆得以傾聽：幾個孩子站在中心位置上，而其他孩子就聽他們唱。這樣輪流站到中心，所有的孩子就都參與傾聽了。如果我們只是上大課，沒有分別對待每一個孩子，孩子們也會舉手提出一些問題，他們可能會一時很興奮，但這個熱情很快會低落下去。在上面所說的練習中，老師可以騰出一段較長的時間來對每一個孩子的歌唱予以傾聽。這時我們可以看到很多東西：這個孩子是怎麼做動作的？他的反應能力如何？他會做出什麼樣的決定？他很有耐心嗎？他能夠瞭解周遭的基本情況嗎？他是很有意識的在參與活動嗎？他能夠記得住每次約定的啟動信號是什麼樣的聲響嗎？他能夠分得清左邊與右邊東西的差別嗎？他是有意識的在準備聽到身體後面的啟動信號嗎？他相信，有聲音從背後響起來嗎？或者他是不斷地轉身，在看有沒有什麼聲音在背後響起？他能夠把啟動信號的聲響，理解為啟動一個運動嗎？他能夠意識到這個運動是快的還是慢的嗎？他能根據所聽到的聲響，開始進行相應的運動嗎？就是通過這樣大量的觀察，我才瞭解了我的孩子們。我們不需要馬上就對他們做全面的評價，但是通過這種細心的觀察，最後我們會有一個結論，我們會知道哪些方面是對孩子的成長發展有用的，哪些方面是沒有用的。

　　老師應該是一個細心的觀察大師。他還應該注意到，哪些孩子對哪些聲響更為喜歡或比較排斥。我的班級裡曾有位孩子有某些歇斯底里的傾向。開始的時候，當一個敲響了的三角鐵，帶著響亮的嗡嗡聲接近他的時候，這個孩子感到不能承受。他甚至會大喊著從教室裡跑出去。只有那種低沉而柔和的聲響，才能讓他回到練習的隊伍裡來。這個孩子總感到自己的身體是不安全的，對環境的反應比其他孩子都劇烈。他感知到自己周邊這種清脆的聲音，這個聲音令他不舒服，他感到這個聲音透過了皮膚進入皮下。這個孩子的心理邊界不是他的皮膚表面，而是在他體外兩三米的一個地方。三角鐵的聲響，觸碰到他這種擴大了的心理邊界。這種邊界是他自身狀態的一種保護，於是他感受到的是身體的疼痛。他需要的是低沉的鼓聲或者是木質聲響，因為這些聲響更能喚起他的親密感。這個孩子自己從來不主動去拿三角鐵或者鐃鈸。如果一定要用到金屬打擊樂器，那他就挑選一個低音鑼。

直笛

　　不是所有孩子都一直需要所有的樂器。重要的是要注意到，這個孩子是不是喜歡自己的直笛，或者，他總是在試圖避開直笛。常見對直笛的反感，來自呼吸問題。我們的觀察也證實了這一點。如果一個孩子經常張著嘴坐在那裡，這表明他的鼻子有阻塞。鼻塞的孩子吹奏直笛是很困難的，他必須付出更多努力才能吹好。每個成年人也都可以去試試！或者，孩子的精細運動機能尚未完全發育好，他找不到

直笛的孔。或者，他的觸覺功能有限，感覺不到直笛的孔在哪裡。所有這些現象都表明，這個孩子在成長方面有障礙。老師的責任就在於發現孩子成長道路上的障礙，並盡可能幫助他排除這些障礙。

特別排斥直笛的孩子，在他們的呼吸問題沒有解決之前，可以讓他們使用兒童豎琴或鐘琴。或者用其它的樂器來幫助。每個孩子都會出於某種原因而拒絕某種樂器。這是很自然的事情，但華德福學校一直堅持的一個理念就是，所有的孩子都應該能做所有的事。這種要求，特別是在直笛的使用中，曾給孩子們造成了負擔，也引起一些不必要的爭議。

我本人也用了很多年的時間，來尋找某些孩子對直笛反感的原因。有些孩子經常忘記帶自己的直笛，這可能就是一個厭惡直笛的徵兆。而由於忘帶直笛，他就必須吹一個公用的直笛，而這個直笛是很多其他忘了帶直笛的孩子都吹過的，這樣的話，吹奏直笛對他來說便形同一種折磨。這是個惡性循環。因此，我們在任何情況下應該都要嚴肅地看待孩子的這種排斥態度的苗頭，並在初期就認真地研究、解決這個問題。我們一貫的方針是，認真關注孩子們的一切表現！如果他們稚嫩的翅膀從小就被挫傷，這個心靈怎能學會如何去自由的翱翔？

嗓 音

嗓音是個人獨有的樂器，因此它具有特別重要的意義。我們在幾何隊形練習與樂器演奏練習之外，還有很多時間是用於唱歌方面

的。除了音樂課以外，在我們學校一到三年級裡，還有安排各班級一起唱歌的時間。每週一早晨，在例行的上課之前，有半小時左右大家一起唱，唱的都是普通的歌曲。小孩子從大孩子那裡就學會了，從而很自然地適應了這種唱法。在上音樂課時，我們可以花一點時間，透過這些歌曲來活絡嗓音。

很多遊戲與練習的目的，都是為了使孩子們儘量早的熟悉自己的嗓音。孩子們最喜歡的遊戲是，猜嗓音。

練習：「蜂箱」——猜嗓音

孩子們坐成一個圓圈，開始之際，老師領著一個蒙上眼睛的孩子，圍著這個圓圈走。坐著的孩子應該哼出一種連續的聲音，這個聲音應該是小孩感到孤獨時所發出的聲音，具體的聲音由孩子自己隨意發出。這樣，有的孩子音調高，有的低，混在一起就幾乎是夢幻般的聲音。約定好，不管發什麼聲音，但就是不能唱歌。如果有的孩子不小心唱了歌，那麼他就會發現，只要他在唱熟悉的歌，他的嗓音就完全是另外一種樣子了。如果孩子們隨意唱，那麼他的嗓音就保持了他原來特有的柔潤與特色。這也是升級為隨意唱的一種練習。這種練習展開得越早，孩子們日後的表現會更加遊刃自如。那麼現在的練習中，所有孩子們都在隨意發聲，整個教室就像是個蜂巢。如果那個走動的孩子停在某個孩子的後面了，那大家就應該立刻停止發聲，但那個背後有人站著的孩子（這站著的孩子也可把手放在他前面那位孩子的肩上），還應該單獨的繼續發聲。這時，

蒙著眼睛站在別人背後的孩子就應該聽得出，他前面發聲的孩子是誰。如果那孩子被猜中了，就應該換他蒙上眼睛，繼續圍著圓圈走。這時的引領者，可以是老師，也可以是剛才猜中他的那個孩子，而大家則開始繼續一起發聲。

在這個練習中，並不在於鼓勵取勝。練習的目的不在於盡快猜出面前發聲的孩子是誰，而是要靜靜地、細心地傾聽聲音。傾聽，向來都是需要時間的！這個練習中最重要的是仔細辨聽，而猜測出某人的聲音則屬第二順位。當然在這練習中，孩子們會再次體驗到：「我被認出來了！」的這種自我意識。

變換方案

在我們的班級裡，有個很小的單獨的衣帽間，它前面有個簾子能把它與教室隔離開來。利用這個衣帽間，我們還可以來進行練習，比如讓三個孩子站到簾子後面。這三個孩子必須約定好他們每個人的發聲順序。外面的其他孩子則要猜出哪個聲音是哪個孩子的。

孩子們會很容易地猜出他們彼此的聲音，而且，在八到九歲之前，男孩與女孩的嗓音差別很小，所以這也會常常讓我感到驚訝，因為我自己要熟悉這些聲音需要更長的時間。在此一練習中，識別嗓音的任務落在外面孩子的身上。隨意發聲對他們的識別不但不構成障礙，而且他們還會認為這是很自然、很理所當然的事。還有一個因素是，物件不可見，所以他們集中精力在傾聽。

這個練習使孩子們增強了自信，音樂課上，他們都能在同學面前坦然高唱學過的歌曲（大體在六年級之前，孩子們都需要這種勇

氣，然而更高年級以後，單獨在同學面前歌唱已經不成問題）。

上面說到的兩個練習，當然也可以在主課中實施，它們並不僅僅限於在音樂課裡進行。還有在教室裡幾何隊形的站隊練習，對於給孩子們引入數字概念，讓孩子們體驗到數字的本質，都是很有助益的，同時也是對各種圖畫講解方式一種很好的補充。如果我們要督促一下隨意唱或自然哼唱的練習，那麼輔以運動的方式效果是很好的，可以克服孩子們唱歌前的羞怯感。

練習：跟隨

一個孩子哼唱連續音，另一個孩子蒙著眼睛跟隨著他。這兩個人在教室裡走著，那個「盲」孩子是靠聽聲音來辯知自己應跟隨的路。在開始練習時，讓兩人保持比較近距離的接觸，會讓跟隨容易些。比如拿兩個小棍維持兩人之間的接觸，或者用體操棍，或者用一般的竹竿也行。

變換方案

前面的孩子事先說好了行走路線，然後跟隨的孩子要靠仔細傾聽來識路。練習中，兩人都不出聲。在任何情況下，如此展開練習都是很有好處的。這種靠傾聽辨路的練習，必須考慮孩子的能力，時間不宜過長。

經驗表明，在低年級的課堂裡（當然不是所有的課堂）堅持進行身體感知訓練（見 Auer 2007），對孩子很有幫助。在與孩子相處的有限時間裡，不應該放過任何機會，應該盡可能地多做各種感知

能力的練習。聽力，是練習的重點，不過也要輔以平衡感知的訓練。
為此，在教室裡需要有個平衡木（每個年級的教室都應該配備）。

平衡──聽──演奏

孩子們從平衡木上走過去，同時，要演奏一種樂器，譬如三角
鐵或鐃鈸等。

需要用兩手分別拿著的樂器是很容易拿得穩的，這樣胳膊就可

拿著鐃鈸通過平衡木

以協助保持平衡（四年級的孩子還可一邊吹著直笛，一邊在平衡木上通過）。如果我們練習的目的在於把身體當作一件有待發掘的樂器來訓練的話，那麼，保持身體平衡也理當成為訓練的內容之一。

我們的平衡器官是長在耳朵裡的，它由三個彎曲的小管道組成，對應著空間的三個方向：一個是水平的，另外兩個是垂直的。我們的聽覺器官，在傳遞聲音訊號給我們時，同時也傳遞著聲源方向的資訊。但這只有在兩隻耳朵同時健康的情況下，才能傳遞正常的資

他要成功了！

訊。若只有一隻耳朵能用，那麼空間定位的能力就會大大地降低。

我的班級有四十個孩子，那麼多孩子吹起直笛來，充斥在教室裡的聲音就可想而知了。因此，我每次都是讓十個孩子練習平衡木，而我與其他孩子則練習直笛。平衡木在教室的後面，這樣，我既能看見吹直笛的孩子，也能看見練習平衡的孩子。做平衡練習的十個孩子，每天都輪換。另外三十個孩子的直笛練習就簡單一些了。做平衡練習的孩子，在他們努力做到平穩通過平衡木的過程中，一直可以聽到直笛練習的全部內容。這樣，他們在第二天與大家一起繼續練習的時候，就毫無任何問題了。

聽覺空間

我們由盲人那裡得知，他們為了彌補缺損的視力，必須努力培養自己其他感覺器官的能力，而提高聽力就是一個重要的任務。有很多文獻報導，如何能夠把聽力提高到超出一般水準以上，其中值得推薦的是《在黑暗中看》（*Im Dunkeln sehen*）一書，作者是 John Hull，一位後天失明的英國大學教師。他通過自己的深切體驗，講述了聽力的提高如何為他打開前所未知的世界：一個聽覺空間，這個空間是他成為一個盲人後，才感知到的。他寫道：

> 在耶穌復活節前的星期六，我坐在 Cannon Hill 公園裡，孩子們在周圍玩耍。我聽見人們走過的腳步聲，腳步聲形形色色，有涼鞋低沉而果斷的聲音，也有高跟鞋尖細而清脆的聲

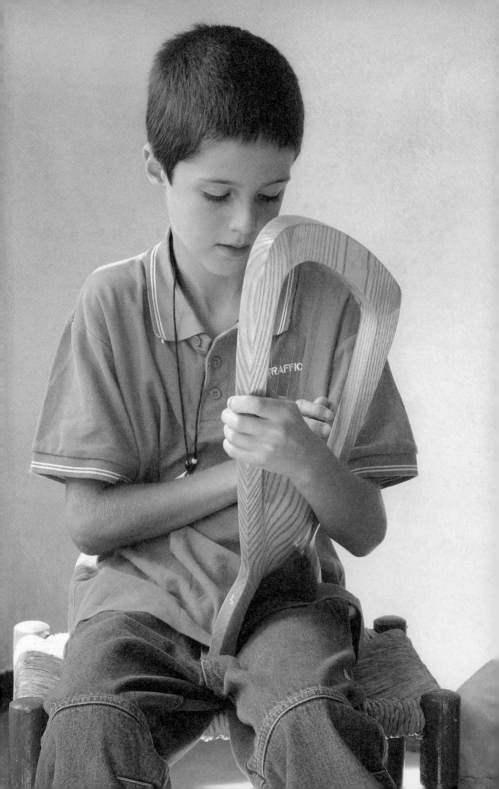

音。有某群人走過來了，他們彼此的步長很不相同，其中還有一個小孩子在奔跑，後來，又來了一陣堅實的大步伐走路聲，還有一個疾步小跑的健身者。我附近的某些孩子，一會兒蹦蹦跳跳的來回奔跑，一會兒又停下來，一會兒又在嘎嘎作響的三輪車或雙輪滑車上面上上下下。這些腳步來自兩個方向，它們混雜在一起，然後又分開來了。旁邊的椅子上，傳來報紙的沙沙聲，悄悄的說話聲從我身邊飄過……。一個非比尋常的感覺油然而生，在我周圍就是一個充滿生活的世界啊！每一個聲音都是現實生活的資訊，在沒有生活的地方，那裡一片寂靜，而屬於我這個世界的角落就不復存在了……。在這個聲音的國度裡，所有的事件開始出現了，然後又消失了。它們進行得非常快……。可見的世界與此不同，它是持續的，連續的存在著……。聲音世界還有一個特點：無論我把頭轉向哪裡，它們都同樣的存在著。在可見的世界裡，情況並非如此，你轉了頭，原來的東西就消逝不見了。新東西進入你的眼簾，我向這個方向看時進入視線的，與向另一個方向看時所進入視線的，幡然不同。但聲音不是這樣的。我轉頭時，並沒有新的聲音過來……。我可以讓頭低垂至胸前，我可以仰靠在沙發上，雙眼朝天。所聽到的聲音變化很小。小小的差別也許會有，但整體的聽覺世界與我的姿態無關。我的這種感覺會由於我的被動狀態而得以加強。我不需要用眼睛向這裡看或向那裡看，不需要如此苦苦探尋周遭的物品，或者努力去擁有這個世界的某個部分。我不去

追求那些在我聽覺世界裡原本就存在著的東西，不管我是不是用眼睛努力尋求，它們都在那裡。這是一個我無法拒之門外的世界，這裡處處都與我緊密相連，這裡有我自己的生活……。聽覺世界是一個領悟的世界（Hull 1990, S. 98 ff）。

我們這裡做的所有遮罩視力的練習，對於視力正常者來說，也是一個提升生命感知能力的練習，這些練習會提高傾聽過程中的注意力。這樣的練習，我們持續在進行，我們在八個年級中都安排了很多這種所謂的盲人遊戲（當然老師也參與）。這種練習的起源，要追溯到 Pär Ahlbom，他是在瑞典 Järna 的 Solvik 華德福學校工作的音樂家與教育家。他極力宣導這種教育的重要性。

在 Übkanon，為訓練聽力而進行的「盲人遊戲」已經成為一種固定的教學內容。聽力的方向感已是聽力訓練中的一個部分，而可以在遊戲中同時練習。同樣重要的是，對於自己背後那個聽覺空間也產生充分的信心。這個空間是通過訓練而在身體後方形成的。當我們把眼睛阻擋起來後，我們的意識就集中到身體背後了。

在我的背後有個世界在呼吸，這句話來自我們前面提到的 Rose Ausländer 的一首詩〈在背後〉（"Im Rücken"）（Ausländer 1996, 頁 50）。這句話描述的就是對於聽力非常重要的那個存在於我們背後的聽覺空間。我們看東西是往前看的，聽聲音則是聽後面的。這個聽覺空間就在我們的背後，是我們日常生活中的一部分，只是我們對它的存在很少意識到。一旦我們感覺到背後的這個世界，我們的聽力就會大幅度地提高。我本人真的可以感知到我背後的這個世界，

或者說，感覺到背後這個世界的呼吸。這並不是一個美好的比喻，它是完全真實的，只不過人們需要通過練習才能夠感知到。如果我閉著眼睛走路，那麼我對腳的注意就更多。而為了讓我能夠有意識的傾聽聲音，我就必須改變走路的方式。而這種傾聽與走路之間的聯繫就是一把鑰匙，它能打開聽覺之門。

站成圓圈後的練習

全體孩子站成一個圓圈（夏天最好光著腳站在外面），老師把一個孩子叫到身邊來，這個孩子應閉著眼睛走過去。圓圈越大，這個孩子要走的路也就越長，場面也就越緊張。如果周圍的孩子通過自己的喊聲給那個孩子提供幫助，讓他能順利走完全程的話，那會大大增強他的自信心。這的確是「為他撐腰[2]」了。這類慣用語，如果我們能夠細心領會，實際上會為我們揭示很多公開的秘密。

已經順利走到老師身邊的孩子，可以叫下一個孩子來接續這個練習。當然在音樂課裡進行的，還不僅僅限於這種練習。背部的敏感度對於我們的聽力有很大的影響，因此對於背部也必須進行相應的訓練。通過傾聽，我們可以感知背後的世界。下面這個簡單的練習，可以讓我們感受到這一點：

練習：「用後背來聽」

這個練習是，短時間有意識地向前走動，然後再拉長一點時間

2　譯注——原文是句慣用語 "es stärkt den Rücken"，意為「為某人撐腰」。字面直譯為「強化某人後背」。這裡是雙關含義：給那個孩子幫助了，也強化了他後背的聽覺空間。

向後退去。如果是一個小組的某些孩子站成一個圓圈、閉上眼睛一起做這種練習，那麼從別人的移動速度上就可聽出移動的方向。向前走，速度總是比較快的，步伐堅定，目標明確，發出的聲音也比較響。向後退（此時眼睛可以短時間的睜開）的速度比較慢，步伐更加小心謹慎。在這過程中，重要的是向後退之際，要真正的用後背或耳朵來感受。也就是說，不能總是轉身或者歪頭偷看。這時的聽覺是一個不可見的觸覺。用背部輕輕地感知聽覺空間的方位。多數孩子會在圓圈的中心相互碰到，短時間的擠在一起。不過，他們會很快地分開來，就好像有什麼急事去做那樣，過程很短，然後就各自慢慢地退回來。

視覺在我們的日常生活中是居於首位的感知途徑。如果我們聽覺的地位能與視覺並駕齊驅，那麼平日裡人們之間的觸碰就是一件十分正常的事情了。就是與陌生人之間，也是完全正常的。這並不會有什麼不體面，完全不必這樣來顧慮。這種觸碰只有一個目的，那就是要證實，他在這個世界上並非孤獨的，而是生活在很多同伴的中間，大家都是聽覺感知者。

去過黑暗咖啡廳（一種由盲人經營的咖啡廳，裡面完全黑暗）的人都知道，觸碰的感覺有多麼愜意。他人的存在會使人心裡感到安寧，並且願意不斷透過觸碰來證實這一點。

J. E. Berendt 在他的一本書中寫過，他是如何與十一個參與者都蒙上眼睛，一起度過了三天的時間。其中講述了他們是怎麼互相熟悉起來，並有了深入的瞭解（Berendt 1996, p.348）。

練習：「盲人遊戲」

兩個孩子閉著眼睛，站在中心處。其他的孩子圍著他們站成圓圈，並守護著他們。外圈孩子們的任務是，不讓那兩個孩子意外受傷。中間的一個孩子手裡拿著一件發聲樂器在教室裡走動，另一個孩子則必須找到他位在何處。

在這個練習中，不能蒙上眼睛！孩子可以自己決定睜或閉。如果他有把握，他可以在整個練習中都閉著眼睛，如果已經沒有把握了，就可以短時間地眨一下眼睛。

練習中，我們可以看到孩子們的寬厚。遊戲中大家都能看到哪個孩子眨眼，哪個孩子沒有。但是沒有人告發眨眼者，大家都保持沉默。我認識六年級的一個孩子，他在這些年的這類遊戲中，始終都是眨眼的。但在六年級時，有一次他終於可以保持全程閉眼了。這時，全班為他鼓起掌！事情不言自明，大家都知道他眨眼，而現在，大家一同享受勝利的喜悅。這個孩子以及全體同學們的燦爛笑臉，就是我們長期共同努力的碩果。

眨眼並不意味著這個孩子沒有聽到聲音是從哪裡傳過來的。如果他沒有聽到，就不會做出什麼反應，而是在教室裡毫無目的的亂走。眨眼的孩子多數都具有恐懼的心理。他們多半都彎著身子走路，或者以自己獨特的方式行走。一個孩子在練習中的走路方式，通常可以反映出他對自己的聽力信賴到什麼程度，他是否已經能夠相信自己的聽力了，或者他是否必須借助眼睛才能感到自己是安全的。

我們的音樂教室裡地上鋪了塊地毯。有個小女孩在練習後對我說，她在盲人練習中一直害怕從地毯裡漏下去。我們對這種孩子的恐懼，應該採取嚴肅的態度對待。如果人們笑她，她就會感到被別人輕視，那麼她再也不可能向旁人透露自己的恐懼了。孩子們在上述練習中的表現，都是他們內心狀態的反映。不過我覺得，我也只有在確信我所處的環境是足夠安全的時候，才能夠全身心的投入練習。恐懼不是孩子的過錯。只有確信環境安全的孩子才能夠閉著眼睛、放鬆雙臂，以端正的姿勢走路。

變換方案

我們把這個盲人遊戲稍稍變化一下，孩子在找到彼此以後，兩個人還一直閉著眼睛，然後互相小心的探摸對方的臉。能辨認出來站在對面的是誰嗎？我看過，有些孩子不願意這樣探摸對方的臉，於是就探摸對方的褲腳，這樣是不能認出對方來的。當孩子們克服了起初的羞怯之後，教室裡便是一片靜靜傾聽的氛圍。探摸就是一種親切的傾聽。

練習：引領與跟隨

每次兩個孩子，一起在教室裡走。一個閉著眼睛，另一個在前面拉著手領著他。在班級集體郊遊的時候，也可以在難以通行的路段上，做一下這樣的練習。另外，也可以在體操館、操場上，或者在較大的校園草坪上做這樣的練習。

在盲人遊戲中探摸

找到我的是誰啊？

變換方案 1

　　一個孩子，手裡拿著沙錘或類似的發聲樂器，用這個聲音引導另一個閉著眼睛的孩子，在教室裡走來走去。第一個孩子的眼睛是睜著的。他的目的不在於讓對方找到自己，而是讓對方跟隨自己的聲音，讓他確認自己。他對聲音的傾聽，是建立信心的手段。同時，這也是一種提高雙腳靈敏度的練習。

變換方案 2

　　現在第二對孩子也加入進來，但使用不同的發聲樂器。眼睛睜著的兩個孩子要注意的是，不要讓被引導的兩個孩子撞在一起（在六年級或七年級，這樣的練習可以升級，讓三對孩子同時加入，使用不同的引導聲音）。

　　儘管盲人遊戲應在三年級與四年級（一直到成年教育）才正式進入教學內容，但我在一年級時就安排了這個遊戲。我覺得讓孩子在較早階段就習慣這樣的練習，是很有益處的。以後他們一旦到了合適的年齡，這樣的練習就會是很平常的事情了。正是比較小的孩子（大體在九歲前左右），無法長時間地讓眼睛閉著。很有意思的是，我們會看到有的孩子睜著眼睛找他的夥伴，但走路的姿態還裝作盲人的樣子。辨別聲音的方向，可以強化孩子們在教室中的方位感，因此儘早展開這種練習是有好處的。練習的目的不在於我能做什麼，而在於我開始做了！

　　如果我們的學校能夠讓所有的孩子都參與進來，所有孩子，不管大孩子與小孩子都能真正的參與進來，那麼我們的學校就理想了！

　　為了提高聽力，最好所有練習中都不用眼睛看。為了感知我們背後那個不可見的空間而做的所有努力，都會強化我們集中精神的能力。

練習：用石子演奏

　　每個孩子手裡都拿著兩塊石子。所有的孩子站成一個圓圈，後背朝向圓圈的中心。一個指揮站在中心，如果他觸碰了一個孩子的後背，那個孩子就該用他的石子發出聲響。在觸碰與發出聲音的方式上，事先約定一個對應關係。如果在背上劃一下，那麼兩個石子之間也是劃一下，如果在背上輕輕的敲一下，那麼石子也相應的輕敲一下。

它們會發出什麼樣的聲音？

注意：不要往背上打，即使是要讓石子發出大聲，也不可用力打孩子的背。

一定要在事先把這一點跟大家講清楚，而不要等到發生了事故之後才來追究。後背是我們身體最敏感的部位之一。

變換方案

孩子們面對面排成兩排，兩個指揮分別站在兩排孩子的後面，他們在孩子們的背上「演奏」。

練習：石子樂隊

每個孩子都拿兩塊石子（眼睛睜著），而指揮的孩子來組織他們演奏。

預先對表達方式做好約定，比如：

指揮：兩隻手的手指輕輕移動。孩子：用兩顆石子輕輕的互相敲擊來回應。指揮的雙手舉起來，石子的聲音應該增強。指揮的雙手背到後面去，石子就完全沒有聲音了。指揮的雙手互相搓，石子也應互相搓。這樣，我們就在指揮一個石子樂隊，演奏出一段小曲子來。然後，指揮退場，再指定下一個樂隊指揮。

在這個過程中，孩子們可以直接體驗到：我給他們做出來的手勢，都立刻轉變成了石子的聲響。聲音的來源不再是我自己的身體，而是我面前的這些夥伴們。他們按照我的指揮來做，我的手勢變了，他們手中石子的聲響也隨之改變了。他們一直跟著我！

變換方案 1

　　兩個指揮，分別指揮站在自己面前的兩組孩子。一組先演奏一段，另一組接著回應一段。於是形成了一問一答的演奏場面。

變換方案 2

　　兩組孩子，使用不同的發聲器材，譬如一組使用石子，一組使用響木。

　　還有一個直笛（或一組直笛）承擔間奏任務。

　　練習可以這樣進行：譬如響木組先開始，然後，一個直笛自由吹奏一個曲子，再後來是石子組。或者：直笛開始，然後是石子組，再後是另一個直笛，最後是響木組。

　　當孩子們熟悉了這樣的順序之後，把它記下來，然後再使用一個新的聲響組合順序。

　　在聽覺方面的探索精神，是持續體驗發現樂趣與學習樂趣的基礎。從一年級開始，就應該培養對先天潛能的感知，並使它們得以不斷的強化，這個先天潛能是我們每人都具備的。我們憑藉音樂的力量而誕生，我們每個人身上都有巨大的潛能等待我們去開發。正如 Gunter Kraeutz 所說：「我們每個人從遺傳學的角度看，都是音樂人。」（Kreutz 2009）但是，如果沒有相應的發掘與幫助，這種天賦就會隱匿終生。

三年級

過渡時期

三年級是一個過渡時期，孩子們對周圍環境的感受意識已經較強，甚至帶著誇大的眼光去批評。男孩與女孩都開始覺得，他們最好避免走得很近。他們唱歌時的聲音開始追求自我，讓自己的個性彰顯出來。即使是男孩，在唱高音部時，也會發出他特有的金屬質感的男童音。

他們與老師保持距離，好奇的關注並評價老師的形象與服裝。即便他們還沒有像青春期青少年那樣離譜，這種年紀的孩子也會開始稱大人為「傻樣」。這種人生第一次的情緒轉變期，使得此一年級學生的校園生活顯得不那麼平靜；青春期的大門已經有點開啟，但孩子們尚未能完全進入。他們已經能夠稍稍窺見大門裡的世界，已然能夠在門檻上跨來跨去，但他們還是更願意回到自己的兒童房裡去。

我願意介紹一個美好的場景，它清楚的說明這個時期的孩子是多麼寧願在這青春期的大門前徘徊。

那是在東京裡的一個夏天，八月的氣候熱得讓人難以承受，很多商店開著空調。當人們要進入商店時，門會自動開啟，然後人們就可跨越過一個較寬的門檻，進入涼爽的店裡。我看到有兩個大約

八歲的男孩，一直從門檻跨過去，跑進商店，再從商店裡跨過門檻跑出來。他們非常享受這個門檻的過渡區間，彷彿覺得一會兒涼爽一會兒炎熱的感受是最美妙的。這兩個孩子在這遊戲中的表現，充分說明了他們處於中間過渡地帶的愜意。在這個年齡段，他們就是這樣從遊戲中感到快樂就不斷的重複。三年級孩子的狀態正是如此，自我意識已然覺醒，然而尚處於遊戲階段。

但在門檻區間，不會所有的時候都像前面所說的那兩個孩子一樣的快活。孩子們在這裡也會體驗到苦惱與失望。他們會感覺到無憂無慮的童年即將要結束，但是還沒有看到新的對岸是什麼樣子。在關於自殺者的統計學資料中，我們可以看到九到十歲的年齡段裡有一個突現的高峰。很多家長很疑惑地抱怨，他們的孩子突然間就不再理會家人和朋友了。實際上，這個孩子是展開了一個缺乏安全感的時期（有些成年人也會由於孩子而不知所措）。

Christy Brown 在他的自傳《我的左腳》（*Mein linker Fuß*）中，描述了這個特別痛苦的過渡期。他是個下肢癱瘓的孩子，出生在一個子女眾多的家庭中，他被這個家庭所接納，如同他的兄弟姐妹被接納一般，沒什麼特別。

「我是幸運的！我向我周遭的世界看過去，我能感受到那周圍的一切，唯獨感覺不到我自己。」（Brown 1970, 頁 49）在他十歲的時候，有一次他在鏡子中看到了自己的形象：「我以前也照過鏡子，但那時候我不知道自己應該注意看什麼，所以我也沒發現什麼特別的東西。但是現在每當我再往鏡子裡看時，總有一張怪異的臉盯著

我。有一天，我哭著爬上自己的床，伸開我的左腿，把掛在牆上的小鏡子從那個釘子上踢下來，扔到地板上。」（頁52）「我已經整整十歲了，還是一個不能走路，不能說話，不能吃飯，不能自己穿衣服的男孩。我很無助，但就在這時候我明白了，這些年我是多麼的無助啊……。我的世界已然崩潰，我失去了腳下的大地。」（頁50）

在此一成長階段，孩子們以往的一些感受會破滅，他們本身的狀態也在改變，他們會無所適從。這時候，做幾何隊形站位練習，對增強他們的安全感很有幫助。我們在音樂課中一直安排這種練習。到了三年級，這種隊形練習可以更加複雜一些。

練習：五角形

五個孩子，每人拿著一個小鑼（或者木響筒），站在五個頂點上。當一個鐃鈸發出的啟動信號響起時，五個孩子就從他們原來的位置沿著五條外邊線，走動到他們的下一個頂點上去。在這個練習中還有五個占位者，他們的參與讓孩子們在走動中不易失去方向感。這些占位者手中也有發聲器材，諸如響板、沙錘、小木棒等，每個人的樂器也都不同。現在他們個個帶著自己的樂器在五角形內部走動。每次走動都直接走到下面第二個頂點去，這就要求必須十分集中注意力。所有練習既可向右走位，也可向左走位，而正是如此的左右交替，讓孩子們感到十分開心。孩子們的走位方式不宜太多，以老師能掌握全域為準。每展開一次新的走位練習，都要重新發一次啟動信號。

變換方案 1

　　除了五個參與走位的孩子與五個占位者之外，另外還再加入一組孩子。他們的發聲器材是石子，當直笛響起時，他們可以在教室裡自由走動。這幾個組是不斷輪換的。開始時，輪換的次序可以是規律的，也可以完全無規律，端看當時如何輪換才能調動孩子們的情緒。如果孩子們已經很不安靜，那麼就應該要有規律的輪換，如果孩子們顯得無精打采，那麼最好是完全無規律的輪換。

變換方案 2

　　如果我們組織半個班的孩子做練習，則所有孩子皆可參與活動，這也是很有意思的事。我們應該注意，為了使組織活動占用的時間盡可能的短，各個小組是陸續加進來的。

　　我上課的初期，曾嘗試過讓所有孩子同時參與練習活動，結果光對他們進行組織與安排就占用了很長的時間，以致真正練習的時間所剩不多。每一個參與此一練習或類似練習的孩子，都要為學習付出辛苦與努力，即便身為老師，也必須為此經受鍛鍊，積累經驗。孩子們使用的樂器，應該盡可能保持良好的使用狀態，放在方便之處，觸手即可拿起來演奏。上課時，當然不能花費時間去尋找樂器。在這個年級，拿取樂器與送回樂器已不再是課堂練習的重要內容。這裡要練習的是，所有孩子都參與演奏，也都在走動中演奏，而各組之間的輪換是靜靜進行的，因此，所有孩子都可以從容的深深呼吸。整個練習場地上彌漫著安靜和諧的氣氛，從這種練習中我們可

以感覺到，安靜的氣氛並不意味著一定就容不下沒有樂器的聲響。

　　所有的圓圈站位，三角形與四邊形站位練習，都可隨意多次的反復進行。通過這些訓練，孩子們應該能夠在一定程度上，也對自己的練習做出安排。

　　現在，給這個練習增加一個內容，讓男孩與女孩交替排列地坐著，讓他們在練習中都有一個互相接近的機會。我們作為與此年齡的孩子打交道的成年人，必須瞭解他們的矛盾心理。

練習：八角形

　　八個孩子站在八角形的頂點上。其中相間的四個孩子手中拿著小鈸（直徑大約十二公分），面對面站著。在他們留出來的四邊形頂點上，站著另外四個孩子，每人手裡拿著一個鐃鈸。這樣，這個對角線上的兩個孩子拿小鑔，下面一個對角線上的兩個孩子拿鐃鈸。對角線上的兩個孩子，應該一個是男孩，另一個是女孩。當多音里拉琴發出啟動信號時，第一對手拿鐃鈸的孩子向對方走去，於中心相遇，用他們手中的鐃鈸相互撞擊一下，然後繼續走到對方的位置上去。當多音里拉琴發出另外一個音高的啟動信號時，另一對手拿小鑔的孩子就如之前的孩子一樣，向對方走去，在中心相會，再相互撞擊小鑔，交換位置。如此持續下去，我們會聽到一會兒是鐃鈸的音聲，一會兒是小鑔的聲響。老師在場外用啟動信號音來掌握換位的節奏，使他們走動的速度從極慢開始，逐漸加快，後來再減緩下來（一年以後，即使沒有場外的啟動信號，孩子們也能自己掌控換位的速度，使之快起來或慢下去）。

小鈸（Schmiede Manfred Bleffert 產品）

拿著小鈸在走位

小鑔相遇了

　　男孩子們喜歡這種相互換位的練習方式，尤其喜歡使用聲音略為低沉的小鈸。這種較量、這種音樂課上的對決，能煥發出他們內心的喜悅。還有那低沉的聲響，頗受男孩們喜愛，年齡越大的男孩，這種聲響對他們就越顯得重要與不可或缺。因此，還需要置備更多相應的樂器。從這個年齡開始，對男孩子在音樂教育方面的需求就應該被重視起來！

直笛

　　除了唱歌活動外，在直笛的演奏中也可以不斷增添新的內容。對於很短的樂曲，可以從後向前演奏，也可以兩個孩子一起，以問答的形式演奏，回答的音階則比提問的音階高一階。所有練習中最

重要的，是要訓練到孩子們的記憶能力。一個孩子演奏一段曲子，他相鄰的孩子就要將此曲目重複演奏一遍，然後才再演奏另一段新曲子，由他下一個相鄰的孩子再重複這個新曲子，如此接續。進行這個練習要注意，演奏新曲子的孩子，自己必須能夠重複奏完該曲。練習中的一個原則是，我能記住的，同學也能記得住，何況曲子不長。如果一個孩子選擇了一段連自己也無法重複奏出的新曲子，那麼下一個孩子吹奏出來的，多半也會走樣。因此孩子們都能接受這樣一個約定，也就是不吹奏那些隨意哼唱、不著邊際的曲子，而是吹奏一首同學們能夠重複演奏的曲子。孩子們會感覺到：如果我吹奏得過長，我的下一個同學就不易重複。這並不是說該樂曲不好，而是它不適合我們的練習。我應該吹奏一個大家都能重複的曲子。孩子們在這個練習過程中得以學會對自己的行為更富有責任感，這是一個重要的學習階段。這個練習不是要看誰吹奏得好，而是要看誰能吹奏出大家都能掌握的曲子。

練習：「直笛管風琴」

　　七個孩子站成一排，每個孩子負責吹奏出音階中的一個音，也就是說，第一個孩子吹「d」音，第二個孩子吹「e」音，第三個孩子吹「g」音等等（孩子們吹的仍然是五度音程直笛）。老師首先指揮這個「直笛管風琴」吹奏出一段樂曲，然後全班或某個孩子，應該重複吹奏出這段樂曲。這個練習的重點是，要重複的這段曲子必須經過多次的反復練習。首先要讓孩子們樹立起信心，然後再不斷予以提升。

變換方案

　　這個練習也可以反過來進行：首先由一個孩子或老師來指揮，一組孩子演奏一個曲子，反復演奏幾次。然後，「直笛管風琴」的孩子們重複演奏這個曲子。演奏中的規矩仍然是每個人只能發自己的那個音。這個「管風琴」可以有人指揮，也可以讓孩子們自行演奏。

　　現在是七個孩子，每人用直笛只演奏一個音。孩子們也可以使用響筒或定音鑼，它們的音與相應的直笛同高，這樣演奏起來就更簡單些。而孩子也不可能忘記自己是什麼音高，更不至於因此讓練習停頓。這種直觀的演奏方式，對某些孩子來說很有幫助。每個孩子演奏一個音，這就使得某些孩子茅塞頓開了。他看到了一段音階，而每個孩子扮演其中一個音，這樣，每個音之間的銜接與跳躍，就一目了然。

　　在我們學校中的做法是，三年級的學生從耶誕節開始就學習使用 C 調直笛。很多孩子在參加耶誕節的慶祝活動後，就能用直笛吹奏自己首次的聖誕歌曲了。接下來的幾個月裡，他們就成為直笛演奏方面的世界冠軍。因為在如此短暫的時間裡，他們既完成了五度音程的直笛學習，也完成了七度音程的直笛學習。這種速度，連我們大人都難以企及！

　　我們一到三年級的學生，每週一早晨都安排了一定的唱歌時間。在這段時間裡，我們與小的孩子一起練習五度音程直笛，而在音樂課中，還只是使用 C 調直笛。

練習：不斷反復的一段樂譜

　　「不斷反復」是一個很受歡迎的練習。我首先演奏一段曲子，

很短，但卻是一段可以不斷重複的曲子。孩子們一準備好，大家就共同演奏一會兒。然後，我再變換一個新的重複曲，約定好，大家慢慢逐漸地跟上來。但不是所有孩子都一起變換成新曲子。也就是說，第一個曲子並非大家都一起結束的，有些人仍可演奏第一支曲子，有些人則可展開第二個曲子。在一段時間內，兩個曲子是同時演奏著的。在這過程中，我們可以清楚看出，哪些孩子能很快的掌握新曲，並能轉換而融入裡面，哪些孩子還興致勃勃地的持續演奏第一首曲子，以致到最後成為孤獨的演奏者了。

這種同時演奏形成的混亂局面，對某些孩子來說是一種享受。在這個練習中，還經常有孩子為這段樂曲填上歌詞，成為一支歌曲。當然這樣的歌曲，日後也會收入到我們的演奏目錄中。

Flieg, Fal-ke, flieg, flie-ge ü-ber Berg und Hü-gel.
... Wald und Wie-sen.

一段不斷添加新詞的樂譜，可以繼續添加下去。

變換方案 1

第一次的二聲部：一組孩子負責吹奏一個音，每次一個孩子吹奏，組內的孩子依次輪換下去，那麼這個音就始終維持著。而另一部分孩子則跟老師一起演奏一段自由發揮的樂曲。

變換方案 2

兩個孩子一起演奏，第一個孩子吹奏一個自己選定的音（當然，

可以換氣），另一個孩子同時演奏一段自由發揮的樂曲。

　　每一段樂曲，都要遵循三條規則，這些規則在每個年級的教學內容裡，都是適用的。亦即：

注意開始，只有大家都已經準備好了，才開始演奏！

注意結束，演奏不能過長！

注意相互配合的效果，我們演奏聽起來好聽嗎？

從單聲部到二聲部

　　這個練習，遠比人們通常所能想像的還要困難一些。因為，一經發出來的音，就已經存續在那裡了，我們無法將它回收，只能坦然接受，並且不斷地力求改進。在三年級裡，這種和聲不協調的狀況會在不經意間有所改善，不過我們這種自由演奏練習的時間越長，這種改善對每個孩子來說，都會越加清晰地顯現出來。三年級的孩子已經可以練習著把一段曲子完整的吹奏下來。他已經明白，如何讓一段曲子懸浮在空中，或者把一段曲子完美的演繹完畢。半途而廢是不可以的。在這練習當中也要培養孩子們的責任感。給大家發出一個音來，不是隨便玩耍，不是輕率胡來，也不是隨心所欲的吹奏。

　　第一階段的二聲部練習就是這樣，然而單聲部仍是主要練習內容。

　　練習中我發現一個有趣的現象，使用 C 調直笛的孩子們在演奏隨意曲子的時候，從來都不會以「c」結束。直到五年級，他們還一直以「d」或者「e」來結束，有時也會以其他音結束。因此，我們得出一個結論，就是說，基本音階的學習結束後，還必須經過一段

時間，才能慢慢適應大調音階的要求。（令人驚訝的是，五年級結束時，在所有自由即興的演奏中，孩子們從「c」開始，也一下子都能以「c」結束了。也就是說，孩子們已經腳踏實地了！）

現在我們開始唱卡農曲[1]，這時候還不是所有孩子都能夠在二聲部中找準調的。但我們能清楚看到，哪些孩子已經能夠唱出自己的聲部，同時還能夠聽到其他聲部的聲音。有些孩子在開始時捂住耳朵，好讓自己唱出的音調不致走樣。而另一些孩子則完全無所謂的樣子，一會兒唱自己的聲部，一會兒唱別人的聲部。與所有新手一樣，這個階段，不應要求孩子們一定要人人都唱得準確，因為這樣要求不見得有成效。

較好的做法是，不斷重複練習新學的內容，這實際上是一種無聲的試探：你感覺唱得怎麼樣了？由於孩子們本身的成長，這種進步是可以在二聲部的合唱中聽得出來的。我們能夠聽得出一個孩子是否能夠保持住自己的音調，並同時感知到其他人的音調，他能否意識到音階之間的差距，並一直準確地保持這個感覺。這個聲部間的音階差，也是評論與判斷一個孩子音樂能力的基本依據。這個音階差，反映的是一種能力，這個能力無法在幾天之內就自動獲得，而是要通過一段時間的磨練，慢慢培養出來的。我們作為老師，越是能細心地觀察學生、陪伴學生，那他們在練習中的體驗，比如在合唱卡農曲過程中的體驗，也會越加深刻。如果一個孩子，是通過

1　譯注——Kanon，是一種曲式的名稱，這種曲式的特徵是間隔數音節不停重複同一段樂曲。卡農的所有聲部雖然都模仿一個聲部，但不同高度的聲部依一定間隔進入。

自己內心的感悟取得進步，而不是由於外在的壓力使然，那麼在二部合唱練習中的體驗，就會像閃電一樣擊開他的醒悟之門。

在唱一首卡農曲，或者用直笛演奏一首卡農曲之前，應該好好的熟悉這個曲子。因為掌握曲子的速度，也是我們所面臨的一個新挑戰。以前我們唱五度音程單聲部的歌曲時，速度還是很隨意。而現在則要求相互協調一致的速度，這對孩子來說比較困難。孩子在學會融入成年人的世界，並服從這個世界的節奏之前，一直想保留自己的自由天地。他們需要我們充滿愛心的陪伴，而不是過早按照固定的時間表去強制他們。這裡，我們應該相信，這個目的一定會實現。（就在一年後，也就是四年級，二聲部就不是問題了。到了六年級，他們已經忘記，曾有過那樣一個不可逾越的障礙。）

我們的教育理念一直是，不對孩子進行早期強制，而是為他們留下屬於他們自己的時間。多數的教育問題，都是由於過早或過晚的進行了強制所造成的。我們必須承認，在一個班級裡，大家成長的速度是個別不一的。掌握適當的尺度，正是教育的藝術所在！幸好，教師不必是聖人。如果老師真正是透過知識與良知為學生上課，即使出現了錯誤，人們還是會諒解。老師也是需要在失敗中成長的！

練習：「收拾行李」

吹奏直笛的孩子，對自己還不是很有信心，但有一個他們非常樂在其中的遊戲，就是收拾行李（對此我要感謝我當年的同事 Thomas Pedroli）。這個遊戲開始時最好不要有很多孩子參與，六至

七個就足夠了。

　　由第一個孩子吹出一個音，全班孩子都重複這個音，然後，第二個孩子也吹奏出這個音，但接著再加上另外一個音。全班孩子再重複這兩個音。第三個孩子重複前兩個音，並且再加上本身的一個音，全班孩子跟著重複這三個音，如此下去。這個遊戲可以這樣繼續，直到有人不能重複這一段音樂為止（老師最好是還能夠一直重複）。然後，只要大家還興趣盎然，就讓孩子們再從後往前吹奏，每次都扔掉一個音，直到最後只剩一個音為止。

　　這種遊戲以其獨特的方式來鍛鍊孩子們的記憶力。在遊戲中他們通常意識不到這對他們的要求有多麼高，因而經常能夠記得比自己所預想的還要多的內容（這點對成年人來說也是一樣）。

變換方案 1

　　為了提高孩子們的興趣，這種自由演奏練習應該不斷的以新形式出現，譬如讓部分孩子坐成一個圓圈。第一位孩子給他旁邊的孩子吹奏一段短曲子。然後這孩子就應該以那段樂曲的最後一個音為始，吹奏出自己的一段調子。再下一個孩子也從這新曲子的最後一個音開始，繼續吹奏出自己的一段樂曲，如此依序輪奏下去。正如我們想像的那樣，這個遊戲可以大大地提高孩子們的注意力。

變換方案 2

　　讓演奏直笛的孩子們在平衡木上演奏，這會使他們十分開心。我們的音樂教室裡配備有平衡木，當然也可以用長凳翻過來當平衡

木用 [2]。演奏期間，他們得一直在平衡木上保持平衡，這就增加了直笛演奏的趣味性。當孩子們站在平衡木上演奏著自己的即興曲時，他會更加自信。（也可以使用其它聲響樂器來進行這種練習，不過再讓孩子們練習之前，教師本身應該得先親自嘗試一下！）

里拉琴（或譯萊雅琴）

在我們學校，從三年級下學期開始，就讓孩子們使用里拉琴演奏樂曲。學期開始，最好只安排班級中一半的孩子使用里拉琴，而後才慢慢普及於全班。

在前兩個年級裡，孩子們已然學過一種絃樂器——兒童豎琴。此後，通常應該有一段過渡期來準備接下來要學習的里拉琴。兒童豎琴只有七根弦，沒有共振箱，已經難以滿足現階段在聲響與音調方面的要求了。隨著孩子們內心精神世界的成長，他們對音樂的需求也相應提高。里拉琴有共振箱，且琴弦多至二十七或三十五根（依琴的大小而異），是此一階段的理想樂器。

剛開始上課時，可以讓孩子們用里拉琴來演奏以前使用兒童豎琴時所學過的曲子。他們會發現，某些音之間竟然還有新的音吶！慢慢地，大家都可以演奏所有曲子了！那麼，孩子們在成長的道路上又邁出了一大步。

在我們學校裡，里拉琴的演奏一直是音樂課的一部分。我們沒

---

2 譯注——有的學校使用下面有一條橫樑固定凳腿的長凳，這樣的長凳是可以反過來做平衡木用的。

有為里拉琴單獨設這一門樂器課，我認為此種安排是合理的。里拉琴並非特別的樂器，它是通用樂器中的一個成員，因此我們也從未組織過里拉琴樂隊，我們都是全班一起演奏。

　　然而就訓練的角度來說，這種樂器的音調設置很獨到。透過這種樂器，會讓孩子們對音樂特質（沒有直接聽到，而是在音階背後所傳達出來的內容）的注意力，集中在一個更高的層次上。沒有哪件樂器能像里拉琴這般生動地表達音樂的感染力了！從這個角度出發，我們要安排一種走位練習，它會幫助孩子們更好的注意與感知里拉琴所發出的樂聲特質。

練習

　　讓孩子們在教室裡隨意的走動。起初讓一個孩子手拿一個沙沙球[3]或小鈴鐺。當大家都走動起來之後，要讓這個發音球從一個人的手裡傳遞到另一個人的手裡，但所有人的走動皆不能中斷或停下來。每個人都要做好收到這個球的準備，而任何人也不可拿著球不放。慢慢的，我們會增加幾個球進來，大概最多四個或五個左右，讓大家如此傳遞。這個練習的目的在於，人人一起流暢地走動，同時還得保持給出球與接收球之間的平衡。

　　這個練習進行的時間越長，大家參與的能力也就越強。這種集體走動與聲音的傳遞，就演變成一種音樂過程。

　　（我已經注意到，這個練習只有到了六年級才能做得比較流暢，

　　3　譯注——Klangkugel，內部裝有小球的空心金屬球，搖動時會發出聲音。

他們內心參與意識也才能清晰起來。那時他們的確可以有意識地融入到這種有音樂節律的走動練習中來。不過我們現在在三年級依舊可以展開這種給出與接收的練習，因為這種練習可以使內心的參與意識逐漸的成長與定型。）

練習

在展開里拉琴的練習時，可以進行前面所提過的「流暢傳遞」的練習。首先是順次撥動每條琴弦，向右撥，從高音撥到低音。一個孩子撥動完了，另一個孩子必須接著撥動，中間不能有停頓，傳遞也不可停止。然後，向左撥，從低音到高音，仍舊傳遞下去。這以後，就是彈撥單個音了。每個孩子為自己確定一個音，在往後的每一輪練習中，他就一直彈撥這個音。如此，在孩子們的傳遞過程中就形成了一段樂曲。彈奏的傳遞次序也可以改變，孩子們可以感覺到現在聽起來是什麼樣的樂曲。

這就是在開始階段使用里拉琴進行自由演奏的幾個練習。或者，我們也可以彈撥全音音程，傳遞中，每個孩子都要彈撥下一個音。這種從一個孩子到另一個孩子的傳遞，必須要一直保持著。

為了更好的掌握里拉琴的演奏技巧，我們在起始階段總是按照孩子們的聽覺感受來練習彈撥。我們採用了三種不同的方式來練習：先唱一個音，然後彈撥這個音；唱與彈撥同時進行，亦即伴奏；先用無聲的方式指示，然後彈撥。

在練習中，我先唱出一個音來，讓孩子們在里拉琴上找到這個

音，然後再唱下一個音。這樣我就唱出了一個短曲，然後，讓孩子們彈撥出這段曲子來。或者我重新唱這個曲子，孩子們用里拉琴伴奏。有時我透過手勢來示意他們要演奏的曲子。左手放在曲子開始的那個音上不動，用右手來比劃出一個短小的曲子。在這個練習中可以清楚看出，哪些孩子狀態積極並且能夠記得指給他們的曲子。

當然，開始時，我們也演奏大家都熟悉的通行歌曲。當所有孩子都能找到起始的那個音弦後，大家就可以展開嘗試，看看能否靠一己之力，在里拉琴上找到那首歌曲的全部音弦。在這過程中，會促使那些很快就能演奏歌曲的孩子，對那些掌握比較慢的孩子伸出援手。

如此一來，我們的課堂氛圍就比較多樣。我們歌唱，也彈奏里拉琴，有時還必須互相交流。一個人不能總是靜心傾聽，還需要不時地安排一點休息來放鬆。缺乏這種放鬆，課堂內容會脫節，因此這種放鬆也屬教學內容的一部分。

記譜符號

通過機械的、電子的或化學的手段，可以輕易的立刻使我們的每一種需求幾乎都得以滿足。但，也正是這種滿足大大的阻礙了我們人類自身的發展。在整個生命世界中，每一個個體的發展都取決於努力、興趣與積極的參與，尤其是取決於因阻力、衝突與落後等因素造成的刺激作用。

沒有哪一種表述能比 2008 年 9 月 13 日《日報》[4] 中的這段引語，

4　譯注——原文，Tageszeitung，日報。

表達得更為確切的了。阻力、勞累，有時還有痛苦，這些都是取得新進展的先決條件。要學習就要做練習，做練習就是要不斷重複，而這種重複就需要付出努力。這是眾所周知的事。這樣就取得了新的成績。對於每一個人來說，練習猶如呼吸，是生命的一部分，沒有它就沒有生命。

　　我們經常會忘記孩子們還小，不足以獨立練習。有些孩子開始過早的學習演奏經典樂器，常會感到痛苦。老師都希望孩子們能夠有規律地練習樂器，但這一點正是他們還欠缺能力做到的。結果，老師不免會感到失望，而孩子們則還不懂得如何走出困境，常常就已失去興趣，不想繼續學習樂器了。箇中原因並非源於音樂，也不在於樂器，而在我們對於如何正確地進行練習缺乏瞭解。對於某些較年幼的孩子，為他們做示範性的演奏，或讓他們模仿著演奏，都能提高他們參與的興趣。我們希望孩子們隨時能有新的體會，並不斷積累經驗，這樣在不知不覺中，他們就掌握了若干曲子的片段。這會使得他們以後記譜更加輕鬆，並有目的的進行練習。

　　文字與印刷技術的發展，為我們的文化開闢了一個全新的時期。記譜方法至今已有整整千年的歷史了，它給音樂世界帶來了巨大的變化！在此之前，音樂都是以口、耳相傳的方式傳遞開來的，是一種活動的、可見的交流方式。從某種意義上講，我們可以說記譜方法，主要是在西方歐洲音樂的基礎上發展出來的。這一方法，推動了多聲部音樂邁向了繁榮。

　　每一種新的發展，都會帶來相當大的變化與機遇。而新事物要

成長，舊的事物就必然會消亡。在記譜方法創立之後，就不要求我們付出很多精力來記憶了。而每一種能力如果不再被需要，它會漸漸退化。看看我們的祖父母們都還能記得什麼吧？我的祖母可以隨時唱出歌本中的許多歌曲，她腦子裡記得許多民歌。以前我們不也能夠記得很多朋友的電話號碼，但自從使用手機之後，我們就連記住家裡親人的電話號碼，也不是件簡單的事了。

　　我們在二年級與三年級之前所練習的正是這個。孩子們可以記住更長的曲子，可以很快的演奏下來。那麼，他們應該學習識譜嗎？這得花費他們多少精力啊？當今，所有樂曲都可透過手機存起來，還有必要付出那麼多的辛苦去學習記譜的方法嗎？對於此一問題，我必須明確回答，一定要學！學習樂譜的價值，是不可低估的。即或在開始學習樂譜時，會影響其他內容的學習，也是應該要學習的。

　　如果孩子們現在開始學習樂譜知識，他們就擁有了一項基礎，而我們也可與他們談論記譜方面的一些規則了。五線譜的五條線，我們可以用五個手指來講解。Guidonisch [5] 手勢就足以表達這些，而不需要其他什麼圖形來說明。當然我們可以在譜線上畫幾個蹲著的小矮人或者蘑菇，這不過就是一種風趣的表達而已。孩子們在這個年紀，並不能通過這種表達就準確理解樂譜。這類符號對唱歌毫無說明作用！對孩子們最好的方式是立刻進入正題，使用正規的符號來講解。經常會有某些孩子在樂器課上已經學到了記譜的方法。但

5　譯注——這個手勢比擬來自五線譜的發明人 Guido von Arezzo。就是用五指表示五線譜的五條線。

他們能夠聽出哪個音是如何記譜的嗎？如今，老師的任務就在於引導每位孩子從零概念開始，把寫出來的符號變成活生生的聲音。這是一種必然得經歷的破舊立新的過程。每個孩子在他的成長階段中，都得不斷經歷這樣的過程。人的一生也是這樣走過來的歷程。

　　在學習抽象記譜方法的過程中，聽力的本質也發生了根本的改變。我們在對小孩子的觀察中會看到，當他們聽到什麼聲音時，會立刻動作起來。我們現在不能這樣，我們必須通過記譜的符號，讓聲音與動作之間有一個距離。也就是說，通過記譜，並非將音樂立刻轉化成外部的形體動作，而是轉化成一種內心的活動。正如 Rudolf Steiner 在其演講，關於〈人的聽覺體驗〉中所說的，傾聽是一種不露聲色的運動（Steiner 1975）。

　　這種運動在開始之際，的確是一種外在的活動，而後才能被控制，關於這個過程，我們通常不太容易覺察。為了明確地認識這一點，可以來做個實驗。我們沿著一條路快步走，然後突然停下站住，而後面的路只是在心裡透過想像繼續走下去。現在我們能夠體驗到，為了不表現出這種外在的運動，而路還得繼續走下去的話，那我們該怎麼做？從走第一段路所體驗出來的感覺，現在完全可以用來設想下一段路了。對於音樂來說，這意味著：從一個音到另一個音的路徑，我們需得想像得出來。一個孩子，越是能清晰地意識到這段路，就說明了音樂對他的影響越大，亦即他的樂感越強。簡單的彈奏或唱幾個音，那不是音樂。唯有當孩子們能夠感知音符之間的路徑時，音樂才會展現出它的魅力。音樂潛質存在於無聲的感知世界中。

在一個個的音與樂譜之間原本沒有固定的聯繫，而這就是一種純粹的規定。我永遠也不會忘記一個小女孩，當時我告訴她說：「你不必背曲子，照著樂譜彈奏就可以了。」她立刻露出驚恐的眼神說：「那樣我就什麼也聽不到了！」她的看法是正確的。孩子們直到目前為止所體驗到的聽覺感受，現在變成了一種純粹機械式的照譜彈琴。

當一個孩子必須照樂譜來彈奏時，音樂在此一過程中已然死亡。他所面對的只是樂譜符號的堆積而已，這些符號並未成為富有生命的樂音。把樂譜變成音樂，需要付出一定的時間與磨練，然後孩子們才得以迎來新生活，一種有音樂意識的生活。這是一個嶄新的階段。這時候，他們通過自己寧靜的內在感知，又可聽到音樂了。

以前，他們身處音樂的包圍中，完全被動的接受音樂。現在，他們則正處在一個從外部接受邁向內部感知的道路上。這條道路是無法立刻走完的，有些孩子甚至感到這個過程是一種痛苦。一條路需要通過不斷努力的去走才能形成。但如果在孩子們的面前，一下子打開了一扇大門，而門前就是這樣的道路，那是多麼大的幫助啊！教師已經將孩子引導至目前這個階段了，當孩子們看到老師正在為他們解除內心的困惑時，這無疑是為他們打開一扇這樣的學習大門。

抄寫知名歌曲，對孩子們學習記譜是很有幫助的。通過這種方式，會使得原來不太清楚的路，變得堅實而寬闊。對這條路越是熟悉，也就越容易把樂譜轉換成內在的音樂。如果孩子們此前經常隨著音樂一起做些動作，能利用身體感知音樂，那麼他們的體驗就會更加強烈。現在，沃土已經就緒，音樂的種子就要發芽了。

練習

現在，我們已經有了一定的基礎足以進行練習了。這個練習是要使孩子們在音樂與聽力之間，建立一種心靈上的聯繫。這種聯繫可以感知，甚至可以看見。

孩子們站成圓圈，每個人都有一件樂器。以前的練習都是走位，現在不走動了，只是透過傾聽來互相傳遞。開始時，第一個孩子對第二個孩子發一個音。這個音不是一邊走過去一邊發出的，他只是用心靈在陪伴這個音傳遞到第二個孩子那邊去。所有孩子都站在自己的位置上不動。在這過程中，每位孩子都能體驗到，聲響傳遞的過程中，是否都有心靈的陪伴，或者只是機械地在進行聲響的傳遞。

在我的教學工作中，每一年我都嘗試著藉由不同的方式為孩子們講解記譜的知識。但是有個基本原則始終不變，那就是孩子們必須把聽到的每一個音，與寫在樂譜中的每一個符號聯繫在一起。多數情況下，全班孩子都能夠在這個階段達到識譜的程度。有時候，我是這樣開始的：我先在黑板上寫出一個表示「a」音的符號來，然後只說一句：「我們把它念做『a』。」然後，用同樣的方式介紹「h」音和「g」音。我就用這三個音開始做聽力練習。確定一句只用這三個音構成的短曲，可以清唱也可以用直笛吹奏。我先將此一短曲重複至少兩遍，然後孩子們就可以跟著唱了。在唱的時候，用胳膊的動作來表示音階的變化。然後把剛才聽到的或是猜想出來的音，在筆記本上寫出來。我們習慣的做法是：我先唱兩遍，然後孩子們跟著唱一遍，唱的時候一直用手比劃出音調的高低，最後把這幾個音寫下來。

　　這個三度音程的練習做完以後，可以立即繼續做八度音程的相應練習。比較好的練習做法是，先利用較少的幾個音，藉以掌握記譜原則，建立自信。開始階段進行得越慢，對這種記譜方法掌握得就越加穩固。在此之後，我們可以讓兩個孩子一起做這個練習。一個孩子吹奏一句譜子，另一個孩子重複一遍這句譜子。然後兩個人把這句樂譜寫出來，最後再把寫的樂譜拿出來相互比較。孩子們還可以分成很多小組，在整個教室裡，每個小組的孩子自行圍坐一處，做這種「演奏／聽下來／寫出來／再相互比較」的練習。開始階段，步伐越小，孩子們學習新符號的興趣也就越高。

　　我們練習的曲子，在開始之初，都是由二度，最多三度音程組織起來的。這樣的段落可以合理的持續擴充與接續，如此便可順勢加長了（以下就有一則實例，可以如此不斷接續下去）。

聽與寫

　　在這個過程中，我們應該始終關注合理的界限。越過這個界限，接續太長，效果就不好了。我們應該注意與這個界限保持一定的距離！才能在練習中鍛鍊孩子們集中精力與思考的能力。

　　有些孩子已經掌握了記譜方法，這時可以讓他們在一個背對著其他孩子的黑板上，把練習中的曲子也同時記下來，這樣在比較階段中，就方便一些了。

　　讓孩子們直接照歌篇來唱或演奏，也同樣是一種極佳的練習。

身為老師，你付出的耐心越多，傾聽得越細心，就能越清楚認識到每一個孩子的特點，這對老師日後經驗的積累就越有好處。

在我的班上，有些孩子這時是真正活躍起來了，他們就像帶了電一樣的興奮。他們開始嘗試著，把我們應該練習演奏的短曲都寫下來。（剛開始的時候，他們不寫半音，只寫全音，並且只寫音高符號，而不標注音長。至於節奏方面的標記，應該到了五年級才開始作為重點內容來練習。）孩子們看到自己寫的東西竟然可以變成可聽的音樂，感到非常興奮。於是也出現了很多躍躍欲試的效仿者。不過有時他們寫出的樂譜很古怪，無法演奏。因此，我們事先也做好一個約定：每個寫出來的曲子，譜寫者必須能夠自己演奏得出來。

有時候我會發給大家一些歌篇，上面寫的都是我們以前在課堂上經常唱過的歌曲。我讓每個孩子自己去找出一個所在，他們應該獨立的按照歌篇上的譜子把歌曲唱下來。有些孩子看到開頭的幾個音之後，隨即能立刻明白這是哪首歌了。有些孩子則連歌詞的拼讀都很慢，看過一大半了還無法明白這是什麼歌。這些表現，事先是看不出來的，因而也常常讓我感到意外。

在教室裡做這種練習時，孩子們都在唱自己的歌，有的快有的慢，整個場面就顯得混亂，這時我們就需要有足夠的寬容、幽默與耐心。通常在一個教室裡這樣是不行的，不過有時也無傷大雅。這種有組織的混亂場面，偶爾也能帶來某些樂趣。有些孩子乾脆就坐在那裡聽別人唱，他們的樂趣就在於這種混亂。這也無妨！

老師要時刻把孩子們的進步看在眼裡，聽在心裡，要能掌控好

學習內容，知道自己該做什麼，對孩子們可能發生的各種問題有充分的準備，並熱誠的對待他們，這些都是教育的藝術。那麼接下來，就是一個轉折與過渡的階段了，我們必須將它安排妥當。

歌 唱

從五度音程過渡到全音程的階段中，最好是選擇一些宮廷時代的歌曲，或使用自己按照教會調式創作的歌曲（例如 Brass 2008）。在我班上，以前我給每位學生選擇聖經〈詩篇〉中的某段落作為信條，這時我想再為它們都譜上曲，按與〈詩篇〉風格相應的調式來譜曲。然而我們班上有四十多個孩子，顯然不可能為這麼多段落都譜上曲。我當時還是一個班級的導師，有很多其他事情要做。結果，我只譜寫了幾個曲子。在整個三年級期間，我們就唱了這幾首曲子。這些詩篇儘管已經很短，但對於我們的練習來說還是稍嫌長了一些。於是我們就在唱歌的時候走步，這個形式很受孩子們的歡迎。

此後，我們在唱歌的時候就走步，已然形成一種習慣。尤其很多卡農曲我們都已經唱得滾瓜爛熟，這時候若再配上走步就更加輕鬆了，而孩子們對唱歌的體會也更加的深刻。輕鬆與深刻，在這種情況下是不矛盾的。唱卡農曲通常是我們四年級的課程，到那時才大量的練習。（也有一些樂器，孩子到了一定的年齡才可以演奏。）不過，老師在此時為練習的升級做好準備仍舊是必要的。

我們是在用誦讀的方式來唱「詩篇」的。在樂譜本上，我們看

不到休止符，而只在一個句子的結尾有個換氣符號。這些句子也可以用自由節拍的方式來唱，並可同時晃動起來。這樣，孩子們也能通過自己身體的感受來體驗一個樂譜句子是怎樣表達出來的。我們唱歌的節奏還不是很準確，不過通過那些隨著長句與短句的晃動，就會在教室裡產生一種共同的湧動感，使得音樂的節奏成為富有動作感的節奏。那麼，一個樂句的動感效應就顯得非常突出了。

練 習

讓一部分孩子站在教室的一側，他們在唱一句歌曲的同時，從一側向另一側走去。在唱下一句時再走回來。也可以讓他們在教室裡各走各的路。在每句歌詞唱完的時候，他們就與自己遇到的同學互相拍拍手再繼續走。更好的做法是，每個人拿一個鐃鈸，讓他們在每次唱歌換氣的短暫間隙裡相互碰觸一下。這樣就產生了被鐃鈸打斷了的一些大的呼吸間隙了，在這個間歇裡，每個人都停下腳步，但彷彿還能聽到剛剛唱過的那句歌詞。用這種方式，一首長的歌曲就被分割成若干部分。不過我們最後可以用一段稍長的時間，把這首歌連續地唱下來。在這個連續唱歌的過程中，孩子們應該能夠從容自在地隨著歌曲的節奏晃動起來。

變換方案

一組孩子唱一句，而另一組孩子跟著用直笛吹奏下一句，如此繼續下去。這種方式，對於訓練孩子們集中注意力，具有重要的作用。而這種變換的聲響特性，也會使聽覺感受更為輕鬆。

　　在本章結束之際，我要強調一個已經是不言而喻的原則：在所有的走動練習中，腳始終應該無聲的踏到地板上！要檢驗這一點是很容易的，我們聽聽孩子們的唱歌就知道了。如果唱歌唱得很馬虎，那走步的聲音肯定會很響。如果我們老師或家長注意到了這種現象，能及時加以引導，就會讓孩子們很自然地形成一種意識，那就是用心去唱歌，而唱歌絕不是喊叫。

Die Sonne tönt

Text: J. W. v. Goethe
Musik: Lothar Reubke

四年級

歌曲是故鄉

　　到了四年級，孩子們一般是九歲或十歲了。同性夥伴之間的友誼加深了，同時對於和異性的一般交往也開始關注。我們在進行各種練習時，都能感覺到這些現象。即使他們在口頭上不講，我們仍舊看得出來。這個年級的重點是：在二聲部的練習裡、在自由的演唱中，以及在某些走位遊戲裡的相互見面與保持距離。人際關係當中，只有你與某人保持一定的距離，才能正確地感知他的存在。這一點反過來也是一樣：只有你脫離開你自己，你才能從外部感知到你自己，才能將自己與他人擺在相同的位置上來認識。這其實就是二聲部合唱時的一個基本要件。如果讓某個一年級的學生來參加二聲部的合唱，那個要求就顯得過分了。因為他要保持自己唱出來的聲音，同時還要聽到其他人唱的聲音。在一年級這個階段，要能把握得住音高的差別，幾乎是不可能的。但四年級卻是學習掌握二聲部的合適年齡。

　　四年級教學的課題之一是，故鄉在哪裡。對於很小的孩子來說，故鄉就是母親的身旁。但隨著年齡的增長，故鄉的概念一直在擴大。四年級的孩子已經可以較長時間的離開家而不至於有什麼問題。故

鄉（這是一個我們今天已經越來越陌生的概念，即使年紀不大的孩子，現在也經常可以不留在家裡，而到泰國或美國去度他們的寒暑假了），通過學校的教育，故鄉已經是一個很大的範圍。一個人面對環境時，找到距離感與關係感，對於感受安全與方向具有重大意義。只有當一個人明白了自己與環境的關係，知道自己身在何處時，他才能找到自己的立足點。

如果一個人唱熟了某首歌曲，產生了在此一歌曲中生活的感覺，那麼這首歌曲也會成為他的故鄉。我們在四到六年級都安排了合唱課。在這段時間裡為孩子們共同排練一些歌曲演唱。在這個階段，已經有多聲部合唱的曲目。每個班級的老師都在參與這些準備，他們安排這些歌曲作為教學內容，在整周的時間裡天天排練。

從老年病學知識中我們知道，老年人，甚至是老年失智者，常常可以在聽到童年歌曲的情況下，順利地與人溝通。很多老人已經長期沒有和人進行語言交流，但這時卻能夠跟著一起唱童年歌曲，那些歌詞突然都回到了腦海裡，就像一下子找到了家。

一個同事跟我講述過他的體會，那是一次十二年級的畢業旅遊，目的地是瑞典。晚上，他與學生們一起坐在營火旁唱起了學生時代的歌曲，從十二年級的歌，一直唱到一年級的歌。他們都深深感受到那遠處故鄉的親情。

每當學校舉行慶祝活動時，如果大家能唱起一支自己校園特有的歌曲，那種感受是非常深刻的。你所體驗到的，不是懷念往日的傷感，而是一種社會歸屬感。這種歸屬的認同心理，讓學生們即使

在已經彼此疏忽的日子裡，仍舊能夠很快重新建立起新的聯繫。

練習：「蘇黎世車站」

　　一個很受歡迎的走位練習是所謂的迷宮遊戲，也就是我們後來稱為「蘇黎世車站」的遊戲。只有當孩子們已經可以唱二聲部的歌曲了，才能做這個遊戲。這個遊戲的名字是這樣來的：我有一次在假期裡到蘇黎世去探望一位朋友，我們說好她到車站去接我。但火車嚴重誤點，遲到了很久，而且也沒有停在原本該停靠的月臺上。我也沒有把朋友的地址帶在身上（那時候手機還沒問世呢！），我根本就不曉得自己能在哪裡碰到她。當我下車時，我沒有看到熟悉的臉孔，只好漫無目的的在人群中晃盪。這時，我想起了學生時代跟著 Pär Ahlbom [1] 經常玩的迷宮遊戲。當時我們是把幾個障礙物擺在房間裡，兩人就圍著這些障礙物隨意遊走，就像周圍沒有什麼人的樣子。兩人都這樣走，不能碰到障礙物，也不能碰到另一個人。但是，如果兩個人就這樣完全隨自己的意思走，根本不顧及還有另一人存在，那麼走了一段時間後，兩人總是會遇到一起。這個相遇，其實就是此一練習的目的。但這個練習不是讓他們直接相互走過去見面，如此碰面太過容易，而是讓他們在漫無目的的走動中相遇。

　　此刻，當我在車站中到處亂走的時候，我就想起了這個遊戲，我告訴自己：這個遊戲應該是有意義的，它必定會在生活中發生。於是我就繼續走，我就要看看，到底能不能在人群中看到她。十分

1　譯注——Pär Ahlbom, 瑞典音樂家，Waldorf 學校的教師。

鐘後，我們真的面對面的相見了！

這個過程，對於某些需要聽其自然的情況，是很有啟發性的。老師能力的一個重要層面，就是能夠告誡自己：「我必須冷靜的讓某些東西在自己身上自然形成，我不能過分追求進度。我的目標始終是明確的，我不能忘記我要做的是什麼，但我不強迫自己。」在六年級的音樂課上，一個孩子這樣表述自己的體會：「我必須讓我的耳朵放鬆！」而藝術，就存在於這種放鬆之中。

在我們的訓練遊戲中，我們一直強調：「你們要盡量做到聽任自己的腳步。」

在這個遊戲中，決定行走路線的，不是頭腦或思維，而是雙腳，是在放鬆中所形成雙腳的運動意向。當然還有點規則，就是走動中如果看到了對方，不能掉頭往回走。每個人走自己的路，並且不能碰到對方，但也不能停下來，必須聽任雙腳一直走下去。有時也會發生兩個人從身邊走過去，但沒有相遇，抑或是本來就要相遇了，但其中一人沒有覺察到。只有當兩個人都看著對方了，房間裡的所有人員才能意識到，現在的確是相遇了。

這個走位練習，實際上是對音樂課中二聲部練習的一個形象的體驗與解讀。這時候，我們是在訓練孩子們的一個重要能力，亦即自由應變的能力。也就是要變化自己，使自己與環境協調起來。他們必須學到，「我要跟隨著我的樂曲，也就是說，我要用我的內心感覺去緊緊地追隨樂曲。我不能掉隊。我演奏的，就是我覺得很好聽的曲調，但是我也一直要清楚的感受到其他人發出的聲音。我把

它們記錄下來，並隨時關注著這外部傳來的聲音。」在這種自由演奏中，孩子們學到的是，自己要做自己的事，同時還要感受到周圍的事。這兩方面必須同時兼顧，並在演奏中保持兩者的平衡。

四年級的孩子是通過這種方式提高應變能力的。

我班級裡的孩子們在做迷宮練習時，都十分熱切地關注那兩個孩子走的路線。他們能夠確切地斷定，哪個孩子什麼時候離開他的線路了，為什麼離開。也許是這個孩子不想很快結束這場遊戲，所以故意拖長時間，又或者是他不願意見面，遂而改變了路線。此處不需要做什麼心理學方面的解釋，就只是單純地讓兩個孩子在大家的關注下繼續走下去。

還有一個很重要的問題是，孩子們是否能花費時間來做這個練習。有時在練習中，如果兩個孩子持續了很長的時間才見了面，也就是說，他們完全任性的走到相遇，從而使周圍的孩子都不耐煩了，那麼這種不結束遊戲的願望也不受歡迎。對自己身邊要處理的事情，花費合理的時間去解決，可說是人生中的一種藝術。而通過這樣的練習，孩子們也會在這方面獲得一個基本的認識。

這種練習有時也可以不必用很多語言就組織起來。有一次我叫了兩位學生來做這個練習，這兩人以前曾經發生過很厲害的衝突。練習當中，他們長時間的避不見面。那當然都是他們下意識的舉動，但所有在場並知道他們有過矛盾的同學們，都很感興趣的看著他們要在什麼時候如何的相見，而最後兩人還是真的相見了。

如果已經看出這種相遇比較困難了，那麼有時我會中斷遊戲，

或是指派第三個孩子入場，讓他在兩個孩子之間遊走。他的任務就是跟他們一起走，為這個遊戲注入新的活力。但是，如果這兩人有意向互相見面，那麼兩個本來很有成見的孩子也會彼此和解。當然也有的孩子本來相處得就很好，遊戲中他們很快相遇了，不管重複多少次這樣的練習，他們都是如此。

練習

　　孩子們站成八角形或者圓形，每個孩子的對面都有一個夥伴，他們都拿著同樣的發聲樂器。他們要自己發起動作，而且一起動作起來，而不是靠外部發出的啟動信號。作為一個整體，他們能夠彼此觀照，並同時動作起來。這些發聲樂器，除了鐃鈸與小鑔以外，還可以手拿一根較長的響木（自己做的木棍也可以）。

　　當第一對的兩個孩子相遇時，他們可以用手中的響木互相敲擊。敲擊時會發出一個聲響，然後每個孩子就與其對面的夥伴互換了位置。這個練習需要孩子們的自信作後盾，並要特別注意，不能讓響木碰到人。

　　我在練習中特別注意避免使用打（木棍）這個詞。這個詞會激起一種暴力傾向的動作。這種動作無論如何都要避免。練習中，孩子們的第一印象是聲音，而動作方式則取決於他們的聽覺。如果大家的動作都有點舞蹈的樣子，那麼這個練習就會煥發起孩子們的熱情，而這正是他們應該具有的特質。整個練習過程應該是一種熱情的舞蹈氛圍，而不是粗暴的打鬥場面。

變換方案

　　讓這個練習保持一定的節奏，既不加快也不減慢，而是保持一個恆定的速度。在兩聲部的練習中，首先應該訓練的就是節奏的準確性。這個階段的孩子們，儘管層次不齊，但有些已經開始體驗到準確節奏的樂趣了。學習並不是要求所有孩子都能立即掌握一切！

節律練習

　　在節律練習中，人們很容易會有一個錯誤的認識。當一個成年人對孩子仔細的講解某一件事情時，他相信孩子也理應做到這一點。但是，在理解與能夠之間，其實仍存在著一段距離。當然這個距離可以變化。如果我們回想自己的童年，就會對這種狀況有更多的理解。我還要再提一下我們在第一章提過的那張希臘教師的圖片。他在學生後方為學生照亮道路，因此他無法一直都看得見孩子雙腳前面的東西。我們只能看到孩子的步態跟蹌，身形躲避或者停止腳步，從而間接明白他所遇到的障礙。有時我們的判斷來得過快，於是對事物的原因也缺乏探究。事實上，我們通常也不可能立刻就能把事情弄得很清楚，因此對課堂教學的回顧就很重要。有時我們一下子就會回想起有什麼事情在當時是卡住了，很不順暢。

　　有些事情極微小，但對我們來說，卻可能很重要，它會決定我們的教育品質。孩子們在表達自己最重要的願望時，往往聲音是很輕的。我們要以相應的方式回應。有時候，你用眼神的交流表示你的理解就已經很足夠了。為教學活動傾注足夠的時間與精力，並細

心觀察、分析教學的效果，這是教師能夠給學生的最大的幫助。

　　為什麼一位在其他各方面都很健全的六年級學生，就是記不住乘法口訣？為什麼某位學生總是忘記他的作業？為什麼一個四年級的小女孩不願吹直笛？教師能遇到一系列簡直漫無邊際的問題，這些「不能」或者「不願意」的原因，我們必須十分仔細去尋找。唯有如此，這個「能」才會出現在我們面前。當一個孩子在五年之後，第一次能跟大家一起唱歌了，那對我們來說簡直就是一個節慶。但我們真的知道嗎？為什麼他此前不能唱？我非常敬重的老師Julius Knierim 先生，把這種潛能的突然發揮，以及一直影響孩子成長的障礙，歸結為「聽進來」。他經常說：「你們不應該只是說教，你們必須傾聽！」我用了很多年的時間，才真正理解他所提出的要求是什麼含義。這個簡單的詞，說的是不僅要看到孩子們表現出來的是什麼，而且還要仔細的聆聽，聽出他們的背後還有什麼。

　　在我們前面談到的例子中，我問那個孩子，你為什麼以前不跟大家一起唱歌。他驚訝地看著我，然後說：「我一直在跟大家一起唱啊！」

　　這個問題是很值得思考的。對一個事物，從外部感受和從內部感受，是會有很大差異的。特別是兒童與成年人的視角，更可能有天壤之別。一個很小的例子是不經意間對歌詞的扭曲。即使把歌詞中發音相近的「大橋橋樑（Bogenträger）」唱成了「褲子背帶（Hosenträger）」，也沒有關係。在孩子唱歌的意識中，歌曲的聖潔並沒有受到任何影響。

在學校前三年教學的練習中，主要目標是使孩子們能夠具有流暢的呼吸般的節奏感。而現在四年級的教學中，我們就要逐步的注意節奏的精準性了。

使用響木做練習

孩子們都坐成一個圓圈，每人手中有兩個響木。第一個孩子先敲出一段很短的節奏來，然後其他孩子一起來模仿這段節奏。第二個孩子再敲出一段新的節奏來，大家再跟著模仿。這樣的練習沿著圓圈繼續下去，中間沒有停頓。通常在練習中就會形成一個基本的節奏模式，不過如果某個孩子敲出一個新花樣來，也是不錯的。這個練習也可以透過石子、鼓掌或跺腳的方式來進行。

除了這種拿在手中的響木以外，還有很多其他形式的木質聲響器材，比如掛起來的響木、放在地上的響木、放在膝蓋上使用的響木（所謂的膝上響木）等等。

上面說到的練習，就可以使用膝上響木來進行。

使用膝上響木做練習

所有的孩子坐成一個圓圈，每人手中都有一個小木槌。現在我們要敲擊的節奏是：短、短、長。

一開始，大家都一起敲擊這個節奏，然後就沿著圓圈，每個孩子分別敲擊了。每個人只敲一下。如果這種分別敲擊練習進行的流暢，那麼就可以進一步升級了。此時，輪換的方向還必須按要求隨

膝上響木與木槌（科樂耳 choroi 產品）

時改變，但是敲擊的節奏保持不變，整體的效果應該是一種節奏的流動。這就要求每個孩子必須精神集中，並且機敏應對。如果一個孩子處於這個節奏的流動之中，也就是說，他在心中一直跟隨著這個節奏聆聽，那麼他的內心就會跟著節奏一起律動。這種共振感就是他獲得的一種很重要的能力。他會在進入每一個新的聲響環境中時，都能感知那裡的節奏，並予以傳遞下去。這便是往後的團隊意識！

練習

所有孩子圍坐成一個圓圈，膝蓋上放著膝上響木，手裡拿兩個小的響木或者小木槌。由老師先開始，孩子們再接續：兩個手是交替

敲擊的，首先是有規律的敲擊，右、左、右、左。然後，第一聲是重的，後面的三聲是輕的。這時有些孩子就顯露出困難了，他們無法讓兩隻手真正的交替敲擊，雙手很快就亂了套。如果在早期，就能把注意力與這樣的動作關聯起來，那就能為往後的手鼓練習打下基礎。

孩子們在使用各種定音與不定音膝上響木的過程中，對微分音音樂[2]的音程也就有了更好的體驗。

這種雙手均衡運動的練習，對某些孩子來說仍有其困難度。要他們練習到純熟，讓雙手自然產生均衡的動作而不出現遲緩停頓，有的甚至需要數年之久。不過，如果已經做過這種雙手均勻動作的練習，就可以接續下面的練習了。

變換方案

第一個人敲擊八次，當敲到第四次以後，第二個人開始跟他一起敲，但也是敲八次。當第二個人敲到第四次以後，第三個人開始進來一起敲。這時，第一個人已經結束。用這種方式，我們始終有兩個不同音高的響木在同時敲響。

或者：第一個人敲擊六次，當敲到第三次以後，下一個人就開始跟他一起敲，但也是敲六次。再下一個人開始時，第一人結束。如此下去，跟前面的情況一樣。

如果這個練習進行得很流暢了，就像一塊聲音的地毯在房間裡

2　譯注——微分音，即比半音還要小的音程。使用這種音程的音樂稱為「微分音音樂」，或簡稱為「微音音樂」。

鋪展開來，那麼還可以約定其他的次數來繼續。

　　或者：讓三個孩子走出圓圈，當聲音的地毯鋪展開來時，他們可以在這塊「地毯」上，自己單獨的隨意敲擊。這時候，孩子們可以敲擊出各種極富想像力的節奏來。

　　或者：在每一輪的節奏敲擊結束後，第一個人（這個角色，剛開始時是由老師擔當較好）不再繼續敲擊事先規定的節奏，而是突然就隨意敲擊了。

　　這就使得一輪四拍節奏的敲擊結束以後，驟然失去了共同的步伐，猶如來了一場衝擊。場面的混亂維持了一段時間，每個人都在任意敲擊。然後，老師的四拍節奏開始響起。臨近他的學生應該感覺到老師的節奏了，那麼他便結束自己的隨意敲擊，並且立刻展開他的四拍敲擊，或者需要兩次的四拍敲擊。他下一個相鄰的孩子接續敲擊起來，於是練習重新進入了秩序井然的狀態。

　　這種有序與混亂狀態的交替，給孩子們帶來了極大的樂趣。通過這個過程，在較高的層次上培養了孩子們機敏應對的能力。在混亂的階段裡，每個孩子都只會隨意敲擊自己的響木；而在有序的階段，他們在共同節奏的烘托中，就會有一種強烈的集體歸屬感。在這兩種情況中如此交替的練習，就是在培養孩子們對個體自由與整體步伐的敏銳之感。

　　學校中一直進行的是秩序的教育，在這過程中，我們很容易忽視無序狀態中潛在的積極因素。如果我們有意識的與孩子們在一起，放鬆的與他們一起體驗無序的樂趣，並把這種無序看成是一種創造

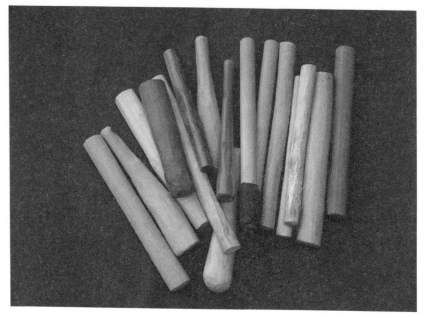

自己製作的響木

精神的源泉，那麼這種無序就會成為激勵孩子們勇氣的一種方式。在我們當今的時代，學校必須把對孩子的鼓勵，放到中心的位置上。在我們有意識安排的這種無序活動中，煥發了孩子們的表現與創作欲望，於是又出現了新的有序狀態。

　　如果上課時出現了過於混亂的場面，那麼我們就搬來一個裝了很多響木的箱子。響木練習會使課堂進入有序狀態。

練習：滾動響木

　　讓響木在地板上滾動，每個孩子可以拿好幾個響木參與練習。滾動人沒有一定的次序，大家都把響木往中間滾。有時如果孩子們

過於歡鬧，也可以按一定順序來滾。按照實際情況規定一個次序就好。當所有響木都滾到地中央時，就停下來短暫休息。然後以我拍手作為信號，大家就到中間撿回那些響木，每個人都盡可能多撿。這時候，也可以讓眾人混亂一陣，當再度開始滾動響木時，全體會再次地安靜下來；傾聽響木的聲響，就會自然的帶來安靜！

應對混亂的創意

我在當老師的初期，常常控制不了課堂上的混亂秩序，這種混亂在我心中形成一種極為糟糕的印象。我知道這對老師和學生來說，都不是一種健康的狀態。這會令老師沮喪的混亂場面，並非我們現在要達成的目標。我們要做的是，課前細緻的準備、不斷進行新的嘗試，並且在任何情況下都不氣餒。教育就是一個學習與探索的過程，對老師和學生都是如此。作為新教師，我常常陷於困境，不過也正是由於這種困難，使我摸索出像走位遊戲等等的訓練方法。

當時我曾在很多場合都遇過一時難以應對的情況，也正由於這些經歷，才使我能在這裡懷著對音樂教師的期待、盼望與鼓勵，寫出我在職業生涯中的經驗與體會。教師的職業中，沒有一成不變的工作模式，即便你有了二十多年的經驗，也依然會碰到一些難以逆料的情況，出現未曾經歷過的局面。作為教師，我必須做出努力去尋找有效的解決途徑。在多數情況下，做些有規律節奏的走位練習，都能將失控的混亂狀態重新轉變到有序的狀態。

如果我們只相信自己的經驗，那麼我們就常會遇到意想不到的

情況。雖然兒童發育心理學的一般規律是相對穩定的，但對於單獨的個體而言，其成長過程還伴隨著個人本身的某些影響因素，諸如家庭結構的崩塌、經濟狀況的窘迫、教育問題上缺乏基本的保障……，所有這些都會讓人毫無安全感，而兒童則是首當其衝的受害者。

細心的讀者會注意到，我們在節奏練習中使用的都是木質的或石子等發音器件，它們發出的聲音短促而清脆，特別適合這種練習。我們不推薦過早的使用小鼓等器件。如果有二十個左右的孩子一起打小鼓，那就太響了。而為了熟練地掌握基本節奏，也不總是需要很響的聲音——即孩子們口中所說那種滾雷樣的聲音。

分數計算練習

四年級的孩子已經學習分數了。他們能夠明白一個東西分成幾份之間的數量關係。顯然，他們到現在才能夠真正的理解在記譜符號中表示音符長短的數值是什麼含義。在我擔任班級導師時，每天開始的兩個課時是大課，全班孩子一起上。在大課進行到節奏練習的部分時，我就把分數計算也放在一起練習。孩子們不應該只是把麵包或蛋糕切開看看各部分的比例關係，而是還要聽出一個拍節裡那幾個音的比例關係。

如果一個四分音符與一個二分音符一起敲擊出來，那應該是什麼聲？如果有人把四個四分音符一起彈奏出來，我能聽出來嗎？或者，我只是明白道理卻聽不出來？孩子們都有自己製作的響木，放在小口袋裡，放在書桌下。每天早晨他們都可以練習敲擊節奏。

　　每個參與過節奏訓練工作的人都知道，如果能夠配合上語言（甚至有節奏沒有意義的語言都可以），那麼節奏訓練就會輕鬆得多。我們一直是用這樣一句話來配合最簡單的四分音符節奏訓練的：O-MA-O-PA（奶奶爺爺），或者 MIET-ZE-KAT-ZE（小貓大貓）。

　　對於這整個階段，如此幾個詞是不夠的。我們自己需要找到一些適合練習的句子。於是我們從格林童話〈漁夫與他的妻子〉中找到一小段詞（童話中用的是低地德語[3]）。這段話出現在漁夫去懇求比目魚的場景中。

　　漁夫捕獲一條比目魚，那條魚懇求漁夫放了它，並說它本不是魚，而是一位中了魔法的王子。漁夫立刻答應它，把它放回海裡去。回家後，漁夫向妻子陳述了此事。妻子卻促使他向那條魚提出一個要求，讓它滿足他一個願望。漁夫顧慮重重，但還是到海邊大喊：

Maan-tje, Maan-tje, Tim-pe Te

Butt-je, Butt-je in der See

Mi-ne Frau de Il-se-bill

Will nich so as ik wol will.

比目魚啊，你在大海裡，

懇請你好好聽我說仔細，

我擒你縱你卻願望未提，

惹得老婆對此不饒不依。

　　這裡的每一行都是七個音節，然後可以加上一個空白敲擊，構成

一個八音節的句子。每個音節敲擊一下響木，在最後休止符那裡再敲一下。開始時，我們大家一起按節奏練習誦讀這段話。如果大家都練習得很熟練了，我們把全班分成兩個小組，一個小組以每個音節都是二分音符的速度誦讀這段話，而另一組則是每個音節都以四分音符的速度，每個四分音符都要敲擊一次響木。這樣，大家馬上都可以聽出來，用四分音符的那組，誦讀完這段話需要多長時間，而用二分音符的那組又需要多長時間。當然，算得快的孩子馬上就知道了！

　　如果我們各種速度的練習都做過了，可以安排兩組速度比為三比四，或者二比三，或者一比三，讓大家來聽聽。也可以安排三比三的兩個組，此時，一個組的節奏是一個二分音符加上一個四分音符，構成三拍。另一組的節奏是一個四分音符加上一個二分音符，構成三拍。兩組用這樣的節奏將上面那段話面對面地朗誦出來，這種練習挺有趣的。我們這個教學單元的時間是四周，有充裕的時間來進行這種練習。我們能夠想像得出，這段時間裡，會有多少可能的節奏組合供我們來練習。我們建議，這種二聲部的練習要進行較長的時間，不要過早的進入三聲部階段。

　　當孩子們用他們的童音以這樣的節奏來進行上面的誦讀時，我深切體驗到，他們的聲音就像是在唱一首嚴肅的歌。我甚至想確定一下他們的音高，比如是 E 調音高嗎？這樣的練習真是一種享受！

　　不過我們還必須意識到，唯有掌握準確的節律感，才能有這種誦讀的節奏之美，真正做到這一點是需要很多時間的。這種練習也使我們領悟到，音樂的美是如何從節律的感受中衍發出來。

自由歌唱與直笛演奏

　　四年級已經能夠大量學習我們最優秀的民歌了，一聲部、二聲部或卡農曲等各式各樣的形式都無妨。以小組的形式試唱，一人或兩人一起來唱，都是這時期可供嘗試的方式。在我多年的教學工作中，我一直把女孩與男孩分開來，讓他們在自己組內單獨唱。我認為重要的是，讓孩子們在屬於自己聲音的環境裡感受自己、認識自己。

　　不是所有班級都能夠讓孩子們接受自由歌唱的形式，並且讓他們體驗練習中的樂趣。不過我們一旦做到了這一點，那就是音樂課中最成功的一刻。讓孩子們與自己本組的聲音相遇相伴，能使他們產生一種發自內心的親密感，這是我們在此一練習中所要達到的最高目標。任何其他場合中，都不容易達到這種效果。人們沒有什麼會比唱著歌（或者是哼著歌）相遇更感到親切的時候了。

　　開始之際，我總是在小組中親自指揮自由歌唱，後來有個孩子能帶領第二個小組，這樣就有兩個小組可進行一問一答式的配合。

　　四年級時，我還一直領著孩子們做練習，這樣孩子們會通過模仿來學習。當這樣的練習比較熟練了以後，就讓兩個孩子出來單獨唱。他們應該只是哼唱，也就是只唱譜不唱詞。（這裡所說的哼唱，都是這樣的意思。）為了使聲音不致過小，我們唱「no」的音。

練習

　　讓兩個孩子站在教室的中間，背靠背的站著，透過聲音相互搜尋。練習開始前，先講好練習的做法：第一人用歌聲引導，第二人

用歌聲跟隨，我們的要求是直接跟隨，也就是同步跟隨，這樣，他們唱的便是同樣的歌、一個聲部。如果這個練習做得很好，那麼便可進一步升級。此時，那兩個孩子還在唱，不過在唱的過程中，兩個孩子之間交換一下引領者的角色。這種交換最好是做得非常巧妙自然，好讓聽眾們無法覺察出來。

如果需要二聲部唱法，那我就給孩子們看一幅畫（不是音樂方面的圖畫）。這幅畫對於如何走動——也就是如何唱，是很有幫助的。我們來想像，這兩個孩子相伴坐在一棵樹下，然後一個孩子起身離開去散步。另一個孩子也起來，不過是朝另一個方向去散步。但他們彼此相距並不太遠，始終能夠彼此看得見，或者說聽得見。最後，他們都重新走回來，又重新坐在那棵樹下。

這樣，孩子們馬上就會明白，他們應該怎麼做。

練習

第一個孩子開始哼唱，第二個孩子接續進來。這兩個孩子在唱歌時一直是坐著的。

開始時這樣進行：第一個孩子唱出一個高音，另一個孩子立刻接續，但是唱出的是一個低音。或者反過來唱低音接高音。這種音調朝兩個方向漫遊，會幫助他們立刻活躍起來。

為了讓其他孩子也加入這種音調漫遊，最好由這兩個場上的孩子來挑選接續他們的另兩位孩子。被同齡孩子所邀請，總是比讓老師指定要來得輕鬆很多。（在其他練習中也都是如此，不只是在音樂課上。）

這個練習會產生一種強烈的聽覺興奮感，因此最好不要很多孩子同時參與，也不要持續太長時間。在自由哼唱的過程中，大家都很放得開，毫不拘謹，因此需要藉由高度的技巧來控制整個練習過程。不過我們都會感覺到，這種在班級集體裡放鬆心情的活動，會加強孩子們之間的信任感與集體歸屬感。以後即便碰到某些衝突的場合，我們也仍相信他們之間的信任與友誼。

這個練習也可使用 C 調直笛來進行。現在這個年級的孩子，呼吸能力和身體的其他器官已經沒有太強的依賴關係。他們能夠在走動中吹奏直笛而不受步伐影響。如果我們過早讓孩子們在走動中吹奏直笛，會發現他們每邁出一步，都會多吹出一個音來。我們可以聽得出什麼時間才適合進行下面的練習：如果孩子們能均勻地邁步，同時還能從容吹奏相應節律的樂曲，那麼這就是切合的時間了。

用直笛練習

為了使呼吸與走動不相互影響：

一個孩子在教室裡走動，同時吹奏直笛，另一個孩子亦步亦趨地跟隨他，同時也吹奏前面孩子所吹奏的樂曲，跟隨吹奏者要與前面的孩子保持同步，他要聽從前面孩子的。而前面孩子也要聽後面的，注意他是不是跟隨得正確。

變換方案 1

有兩個或更多個孩子跟隨，大家都吹奏同一支樂曲。當第一個孩子吹奏完這首曲子以後，他就走到最後一個人得後面跟著。第二

個孩子現在變成了第一個，他成為引領者了。如此下去。

變換方案 2

　　兩個或三個孩子參與吹奏，七音音程從低吹到高，再從高吹到低，每人只吹一個音，順次輪換：第一人 = c，第二人 = d，第三人 = e 等等。

　　學年開始，四年級學生已經是合唱團的中級班了。五年級六年級也都屬於中級班範圍。除了合唱外，我們還有直笛合奏。前面我們提過，也有一百二十支科樂耳直笛在群集合奏的場面，聲勢可謂浩大。

里拉琴演奏

　　孩子們已經學過五線譜，在四年級可以開始演奏一些曲子了。他們也完全能夠練習演奏二聲部的曲子。我們使用 Julius Knierim 的樂曲集作為基本框架，選用不同難度級別的曲目和孩子們一起練習。

　　我們使用的還有由 Alois Künstler [4] 譜曲的作品：神話史詩——一部愛沙尼亞敘事詩（*Die Kalevale – ein estnisches Epos*）（künstler, 里拉琴伴奏歌曲）。孩子們可以一邊唱這些歌曲，一邊彈奏他們的多音里拉琴以為和絃伴奏。這些北歐的創世故事也是對 *Edda*（1200 年問世的古冰島詩集）很好的補充。在我們華德福學校的四年級，就採用 *Edda* 作為主要講述教材的內容。

4　譯注——Alois Künstler, 德國作曲家（1905 - 1991），其作品在教育與治療領域有廣泛應用。

除了演奏成型的曲子以外，自由演奏在我的課程中也有固定的安排。這兩種演奏是同等重要的。可是在本書中給人的印象，可能是自由演奏乃課堂上唯一的內容。這大概與我們使用很多篇幅來描述自由演奏有關係。對於如何使用成型的歌曲與樂曲同孩子們一起練習的問題，已經是眾所周知的事情，毋需在此詳細論述。本書重點在於，如何讓自由練習在課堂上體現出其價值——我認為這對當今孩子們的成長是非常重要的。當然，對於不同年齡段的孩子，我們得安排不同難度的自由練習內容。

練習：流暢的彈撥

這種與孩子們一起進行的練習方式效果很好，它的思想來自Julius Knierim 的論述（Beilharz，1989a）。

一個指揮站在前面，所有人都注意他的手勢，並依其手勢來彈奏。如果他的兩手向下按，那麼大家就彈低音弦，如果他雙手上移，那麼就去彈高音弦。如果雙手向內一起靠近，表示要輕輕彈撥，如果雙手向外張開，則表示大聲彈撥。如果雙手手心合攏，則停止彈奏。

此後，每個孩子為自己確定一個音，不過只有當指揮示意他時，他才能彈奏此音。經過幾次的嘗試，指揮便熟知哪個孩子是彈哪個音了。現在，指揮可以利用這些音來演奏了，他藉此方式指揮大家演奏出一支即興的曲子。在這種演奏中，可能某些孩子經常被示意彈奏，而某些孩子可能少些，有的孩子則根本連彈奏過一次的機會也沒有。在這個場合裡，哪些孩子被重視或被冷落已經不是問題，

音樂本身才是大家共同關注的目標。這裡，每一個人都是音樂的一部分，每一個人都被音樂的規律支配著。

　　一個老師以這種方式來指揮十五到二十個孩子演奏里拉琴，也是一種非比尋常的體驗。這便是自由的創作。每當一個曲子如此演奏之後，每個孩子都可以重新選擇自己所要彈的音，然後繼續練習。

變換方案

　　孩子們分成兩個組，相對而坐。每個小組是一個聲部，並擁有自己的指揮。兩個指揮要相互配合著，指揮出一段兩聲部的合奏曲。

練習：兩聲部的自由演奏

　　兩個孩子同時演奏二聲部曲子。他們想要彈奏出和絃來，就必須相互滲透、融合地進入和絃。

　　這裡的規定是，整個練習中，一經彈奏出一個音，就不可以再改動。也就是說，如果某個孩子彈撥到了旁邊的音，他就必須堅持這個音，直到另一個孩子的彈撥音進入這個合奏曲為止。

Der Sonne Licht

Text: Rudolf Steiner
Musik: Lothar Reubke

Der Son-ne Licht durch-flu - tet des Rau-mes Wei - ten, der

Vö-gel Sin-gen durch-hal-let der Luft Ge-fil - de, der

Pflan - zen-se-gen ent-kei-met dem Er-den-we-sen, und

Men - schen-see-len er - he-ben in Dank-ge-füh-len

sich zu den Gei-stern der Welt.

五年級

節拍與節奏

五年級的一個主要任務是：節拍與節奏。這個年齡段的孩子，已經逐漸能夠獨立掌握到一定的節奏了，並且也能夠體驗到那種存在於音樂中聽不到但卻能感受到的節拍。在這方面確定一個合適的尺度來要求學生，是我們這個階段中諸多音樂教學任務中的一個重要部分。

這個年齡的孩子們在身體機能方面，已經有了完美的協調能力。他們的嗓音處於童年階段的最佳水準，聲音充滿陽光，令人印象深刻。這也是童年時期一個最健康的階段。孩子們顯得特別機敏，他們能夠全付精力投入遊戲，但同時也有很強的求知欲望，他們雄心勃勃地想要發現並認識這個世界。

長音與短音，開始與結束，以及樂曲的間隔等內容，皆可在此一階段作為專題來講解了。對於一首歌曲中的各個停頓之處，應該有新的感覺了。這種停頓並非簡單的休止與空白，而是一種在無聲中活動著的空間。在這個休止間隔裡，我們依然全身心地與樂曲一起舞動，這種伴隨的運動感，既是外在的，更重要的也是內心的。對孩子們來說，這種內在的心靈空間，會在這段時間裡逐漸地活躍並清晰起來。

為了使孩子們的內心空間逐漸形成與強化，他們的外在運動必

須慢慢地退到背景的位置上去。

　　每一種韻律的感受與表達，其基礎都是運動。在節律運動
(Rhythmus)(希臘語：rein= 流動，rheuma= 河流，rhythmos= 速度)
中，時間的流逝濃縮為空間上的延展。時間的間隔變成了空間中可
見的距離，因此是可計量的。這樣，時間的流動便固化了起來。我
們成年人對可計量的資料，即時間與空間的資料，很容易關注到。
於是節奏作為一個可以定量表達的資料，就透過抽象的拍節概念表
達出來了。這裡使用的是音值符號，即拍節數值來表達。

　　孩子們對韻律的感受方式與感受內容完全與成年人不同。對孩
子們來說，更重要的是時間流動的過程與變化，以及對不同音長份
額的體驗。他們對節奏的學習，是從對一個動作的展現過程以及該
動作各部分所占份額的體驗開始的。孩子們以最基本的方式來感知
節奏，他們擺動著手臂，以流暢的動作，把時間的流動轉換成空間
的運動 ……。如果沒有事先的訓練基礎，孩子們是無法「按照拍節」
走路或保持固定之節律 (韻律) 的，他們也無法調動全身的表達能力
來跟隨樂曲的節奏，做出流暢的動作 (Gruhn 2008, p.121)。

　　前幾年的教學活動中，我們已經在節奏與韻律方面奠定了一定
的基礎。

演唱

　　現在，孩子們已經可以演唱較高難度和級別的卡農曲了。在不
同聲部加入時，可以透過看得見的外部動作讓他們有清楚的體驗。如

果卡農曲有三個聲部，那麼班上的孩子們就分成三個組。當歌唱開始之後，他們就都在教室裡隨意走動起來，或一個組一起走，或每個人單獨走。然後，各組穿插混合起來，這時每個孩子都必須注意，看看自己能否堅持住原來的聲部，看看自己是不是被鄰近的孩子帶著跑調而去唱別人的聲部了。如果能把鄰近的孩子帶到自己聲部的調上來，那是多麼巨大的勝利啊！這完全是一種競爭，是在一個特殊層面上的競爭。當然，大家的目標是共同的，那就是一起快樂的歌唱。

唱歌伊始，我們就想到如何結束，這一點始終也是需要注意的層面。我們可以事先做一些約定，比如在卡農曲唱了兩遍之後，所有孩子都回到原來的位置上去。這樣在唱歌與運動進行的過程中，就不必對孩子們呼來喚去了。在唱多聲部歌曲時，如果我們有把握，也可以採取這種方法來練習一下。

自由歌唱始終是音樂課的一個重要部分。如果在運動練習的過程中，還同時加入自由歌唱的內容，那麼孩子們的感覺通常會更為輕鬆。

兩人一組的練習

挑選出六、七對孩子，讓他們一起在教室裡走動。每一對孩子都是一個在前領路、一個在後跟隨。他們手裡拿著兩根竹竿或體操棒，前面的孩子握著前端，後面的孩子握著後端並閉著眼睛。前面的孩子哼唱著引領，後面的孩子也哼唱著跟隨。他們一起哼唱著相同的曲子。整個教室裡充盈著一片孩子們哼唱的聲音。這時老師拿著一件樂器（鐃鈸、三角鐵或一個簡單的小碰鐘）在孩子們中間穿

行。當他停在一對孩子身旁時，他便敲響手中的樂器。這時大家就停止哼唱與走動，只有老師停在身旁的那一對孩子繼續哼唱。當老師再一次敲響樂器時，所有人才又開始繼續哼唱與走動。

這個練習進行到所有孩子都參與單獨的哼唱為止，然後交換引領者與跟隨者，再繼續進行。

原則上這個練習與二年級裡的蜂箱練習大同小異。只不過這裡沒有猜嗓音的環節，這裡要訓練的是孩子們自由歌唱的能力。孩子們會體驗到，這是一個嶄新的挑戰。

練習：「這是幾個聲音？」

一個孩子閉著眼睛站在中心位置上，他的任務是辨聽。我讓兩個至五個孩子陸續走到他周圍的圓圈上去，他們一面圍著中心的孩子走動，一面哼唱著。站在中心的孩子應該猜到，此刻他周圍有幾個孩子在哼唱。為了能掌握這個練習的難度，老師最好自己先練習一下這種辨聽。

這個練習最好在孩子們的注意力開始下降之前就結束。教師在本身長期的教學實踐中，肯定都積累了這種微細感覺的經驗，知道何時需要結束練習。但是不管怎樣，如果在一個練習中，歌唱與運動都已經進行得很順利，這表明孩子們已經具備了相應的能力，他們在練習活動中已然找到自信，那麼這個練習就應該停止了。練習中，這種流暢狀態的出現，就是孩子們發現自我的標誌，這種自信也即是日後創造靈感的源泉。

　　十二歲之前的兒童，或者十八歲之後的青少年（有些孩子還可能展開得晚一些），他們特別能享受自由歌唱的樂趣。用歌唱的聲音表達自己，是孩子們的童真所在，也是陽剛青少年的自然展示。可能有人會覺得這裡使用的「表達」一詞有點古怪，不過事情確實如此，正是當他們隨著自己的歌聲自由搖擺起來時，他們整個身體的表達，才能完全被人們聽到。這時候，他們不是把自己隱藏在一首歌詞和一段固定的樂曲環境的背後，而是通過他們的身體讓歌聲自由地表達出來。但是透過一層面紗（Persona，拉丁語，能透過聲音的物品。Per=透過，sonare= 發出聲響。原意為演員佩戴的面具 [1]）可以看到，我們眼下所直接面對的現實是，孩子們在一個特殊的年齡段裡，主要是從童年到少年這段過渡期，他們不願意對他人吐露心聲，不願讓自己毫無掩飾地暴露在大庭廣眾前。這是五年級孩子的心理特點。

　　如果一個孩子從未受過傷害，而且他也感受到自己處於家長與學校等外界環境的保護中，那麼他的天真與坦率就會處在一種極自然的狀態。在培養孩子們的創造性方面，自由歌唱是一種極佳的形式。如果在開始階段我們就能夠注意到，當他們唱歌時，我們不流露任何嘲笑的表情，這會讓他們感到唱歌是一件很自然的事，那他們也很快能夠融入情境，得以隨著本身的歌聲自如地動作起來。有時候他們的嗓子會嘶啞一下，發出本不願意發出的聲音。但，已經發出的聲音是收不回來的，既然覆水難收已成定局，那也就沒什麼大礙了，聲音就是這樣，我們和孩子們都不必在意。

　1　譯注——此段為原文注解。意思是，多數孩子願意表現自己的一般現象。

　　歌唱時，孩子們的內心深處常常會出現一種感覺，覺得自己此刻的表現不夠完美，因此我們要引導他們表現出真實的自己，不必美化、偽裝或作假。他們的任務是，在已經唱出的水準上盡量唱得更好。如果一個人在童年時代就擁有自己的空間，那麼在這裡他也能盡情地表現自己，且不只是能偶爾盡情，而是不斷地有這種機會，那麼他的體驗與感受就會逐漸積累起來，使他更準確地認識自己、接受自己，並向周邊世界唱出他的感受。我們的學校就該為孩子們創造這樣的空間。然而現實往往與此相違甚遠，我們還有多少人甚至根本不知道自己的聲音是什麼樣子的？如果一個人只是說話，或者只是在合唱團裡隨眾而歌，那麼他就不會明白自己單獨唱歌時到底是什麼樣的聲音了。

　　我們的學校不但應該教育孩子認識世界，更應該教育他們認識自己，這是學校的任務。而認識自我，並不需要與孩子們進行深度的心理學對話，只需要藝術教育就夠了！言詮相忘，言語道斷！讓孩子們聆聽自己的聲音，與其他孩子一起隨著音聲自由地活動起來，這是一種很大的樂趣。孩子們能夠體會到自己的聲音能和別人的聲音交相混融，儘管聲音的混合時而水乳交融、時而不太和諧，甚至乾脆就無法合拍了，但最終還是能夠與大家的聲音融合在一起。一旦孩子們能體會到這一點，那麼他們就具備了心靈成長的一個基礎，在此基礎上，它們將能夠逐漸樹立起自信心。他們會明白，這就是我的聲音。我就是我，是的，世界需要我。我做的事都是最優秀的。因此，自由歌唱就是一個自我意識的成長點，是一種自我力量的顯現方式。

　　所有這些運動練習與遊戲，我們都應該事先親身體驗一下。此外我們還可以舉行一些輕鬆的會議活動，來討論、交流這方面的經驗與體會，並一起開拓新途徑。我自己就是通過這些方式，不斷改進與深化我的那些練習，同時也找到某些新的練習方式。運動練習，就是在運動中而不是在書桌上做練習，我們的重點在於實踐。

直 笛

　　對某些孩子來說，可以先讓他們隨著直笛演奏的樂曲動作起來，這樣他們以後在自由歌唱時，身體就能很自然而然的隨之擺動起來。

　　五年級時，我們已經能夠安排學生用直笛演奏一些簡單的調式。

　　當然，此一階段大部分還是按照樂譜，來演奏二聲部三聲部的樂曲與歌曲。在這個過程中經常會分成幾個小組，每個組分別獨立地練習。這樣孩子們也自然的開始交流與相互幫助。於是，練習中便充滿了活潑而協同進取的氣氛。

練 習

　　讓三個孩子一起創作一首歌曲。第一個孩子負責開頭，演奏一個主題出來，第二個孩子接續下去，第三個孩子負責結尾。這樣創作好之後，最好讓他們將此曲再重複一遍，這樣會使他們的創作意識持續深化與加強。對所有自由演奏來說，這種重複的過程非常必要。自由演奏的基礎練習，就是有意識的演奏。自由演奏並非毫無意識地隨便亂演奏。比較好的做法是，再找三個孩子加入原來的三個人當中，讓

他們記住先前夥伴演奏的曲子，然後由這三個新成員來重複演奏。通過這種演奏任務的轉移，我們也可看出孩子之間的能力差異。不是所有孩子都能毫無困難的把他人的自由演奏重複下來。不過也有相當一部分的學生得以勝任，並在應對挑戰的過程中提高本身的記憶力。

以下使用直笛的一些練習，都是為了訓練節奏的能力。

練習

老師在黑板上寫出一個歌曲的節奏來，都是用同一個音高寫的，因此看不出來這是哪首歌曲。寫出來的可以是一首很著名歌曲的節奏，也可以是一首人們不熟悉的歌曲節奏。兩個小組的孩子，輪換著用手拍出並走出這個節奏，這樣他們都能互相聽到對方的聲音。

然後，他們要按照這個節奏寫出一個曲子來。可以在課堂上信手捻就，也可當成作業回家按此節奏寫出自己的曲子來。要求的條件是，他們必須能夠演奏出自己寫出來的曲子。

變換方案 1

兩個孩子把自己按照此一節奏所寫出來的曲子，按同樣的速度，同時演奏出來。

如果這個節奏為大家所熟悉，曾經被某個作曲家譜寫過曲子，那麼這兩個孩子演奏出來的曲子就很可能是一致的。

有時候，會有孩子發現自己譜寫的曲子與那兩個孩子演奏的曲子有很多雷同相似之處，這時他會有巨大的成就感。如果某人寫的是一首知名曲子的節奏，那麼不需要太長時間，就會有很多孩子辨別出來

那是什麼曲子了。我常常很意外地看到，某些平時默不作聲的孩子，這時會表現出極高超的辨識能力。我們的練習竟然能夠發掘出孩子們的潛在優勢，作為一位老師，有什麼能比這個更興奮的呢！

變換方案 2

為了使孩子們能更佳地感受到節拍與節奏的關係，我們組織了一個節拍樂隊。如果我們現在要表現的節拍是一個小節四拍，那麼我們就組織 2x4 個或 3x4 個孩子（根據我們樂隊的規模而定），每組孩子都使用不同的發聲器材。這些器材的聲音最好是彼此差別甚大的，比如響木、鐃鈸、沙錘及鬧鈴等。我來指揮這四個組，讓第一組只演奏第一拍，第二組只演奏第二拍……如此等等。通過這種安排，這個節拍樂隊清楚地表達了何謂節拍。在他們演奏節拍的同時，我們讓一個孩子演奏他在前一個練習中按照給定的節奏所寫出的曲子。此外還有一個孩子用大鼓來敲擊第一拍，以加強一個小節的開端。

在這個背景音樂的陪伴中，很多孩子都產生了想要創作出自己曲子的衝動。這種「不正規」的音響組合，竟然給孩子們帶來了如此巨大的樂趣！

變換方案 3

現在這樣來演奏：

- 節拍組打節拍，節奏組打節奏，
- 節拍組打節拍，直笛演奏樂曲，
- 節奏組打節奏，直笛演奏樂曲。

通過這種方式，孩子們能夠清楚地感覺到，有節拍的樂曲是多麼的動聽，而節拍又是如何使一個樂曲具有牢固的根基。

這個練習也可以變動一下，比如打節拍只用石頭，而打節奏則用響木，至於曲子就是由孩子來唱了。

我們有時會在幾週內，一直用同一首歌但透過不同的器材組合來作練習，這樣孩子們對節拍與節奏就有清楚的認識了。

變換方案 4

始終用低沉的大鼓來敲擊第一拍，同時一個學生演奏出一個曲子，這個曲子的節奏是以前曾經練習過的。表面上看，節拍與節奏都聽不到了，但它們卻能夠在演奏中清晰地體現出來。這裡常會出現一個引人注意的問題：誰來確定歌曲的速度？我們自己能夠確定一首歌曲的正確速度嗎？這個問題，我們透過下面的方式來解答：

練 習

我們以不同的速度演奏一個歌曲，首先以極慢的速度，然後用極快的速度，這樣演奏常常令孩子們感到興趣盎然。但大家也都明白，這樣的演奏是不行的！然而，我們又怎麼去確定一個合適的速度呢？

對於什麼速度才合適的問題，多數情況下孩子們都能有一致的看法。這事看來好像有點不可思議，怎麼會存在著一個所有孩子們都認可的最合適速度？這個速度不是老師隨意想出來的，而是人們可以從音樂本身體驗出來的一種感覺。音樂已經告訴我們，什麼速度才是最合適的。這種感知，對於人們日後在合唱團裡參與合唱是

Urworte. Orphisch

Text: J. W. v. Goethe
Musik: Lothar Reubke

非常重要的。因為過慢與過快演奏的滋味，我們都徹底嘗試過了。

變換方案

　　找一段我們已經非常熟悉的卡農曲，在唱的過程中大家一起忽而提高速度，忽而降低速度，但是大家還得很好的保持同步，這樣的唱法也會給孩子們帶來很大的樂趣。

　　通過這樣的練習，使孩子們已經成長起來的自我意識獲得進一步的加強。他們內心的體驗是：現在我自己就能夠找到合適的速度了，並且被大家認可！這種感覺讓他充滿自信並獲得極大的樂趣。

　　在做過這麼多有關節拍與節奏的練習之後，孩子們對於聽歌曲寫節奏已然駕輕就熟。這種聽與寫對他們而言再也非難事，因為相應的基礎早已建立起來。

六年級

多樣性是一種機會

這個年齡段學習的一個重要課題是，內心傾聽的訓練。跟五年級相比，他們現在對周圍世界更加敏感。六年級開始，他們也迎來了學習物理課程的時期，進一步培養了自然科學的興趣。除了光學、電學、熱學以外，還有聲學，它是我們教學中的一個重要科目。

孩子們在音樂能力方面的差別更加明顯了。並非所有孩子都能夠演奏一件經典樂器，不過某些孩子就算不提供他特別的輔導，他也肯定能演奏得很好。因此教師的任務是從全域的觀念出發，尋求各種可能性，讓每個孩子都能有機會體驗音樂，而不是被排除在圈子外面。作為心靈教育途徑的音樂課，就是一個能將各種學生聯繫在一起的場合，而不著眼於每個人的個別能力如何。在這個年齡段，孩子們已經對自己擅長與不擅長的方面，有了越來越清楚的認識。在音樂課裡，我們不能對任何人有所排斥，這是一種社會能力的培養，每個人都需要有自己的社會能力。我們的學生成長至今的面貌如果仍然還是千篇一律，那麼他們社會能力的培養就是不足的，他們不會有自己獨特的追求。

學生們肯定都非常清楚每個人的情況如何，誰有什麼特長或不

足，這個男生擅長計算，那個男生小提琴拉得好，另外那個男生是一個出色的自行車能手。這個女生能設計出漂亮衣服，那個女生圖畫畫得很棒，而另外那個女生剛剛獲得了柔道獎牌。每個人都各擁專長，這有多美好啊！我們應該認可這種能力的多樣性，而非認定哪一種能力就有資格凌駕於其他能力之上。每一個合唱團都是我們人類多樣性能力的一個縮影：我們每個人都是不同的，也正因為如此，我們才彼此互相需要。

內心的傾聽

到了六年級，節奏練習仍得繼續進行，不過要求更高一些。節拍樂隊的形式也還得要持續（見五年級）。現在我們可以深入來練習內心的傾聽了。

四個小組的練習

四個小組，每個組分擔四拍小節裡的一個節拍。老師來指揮這四個組演奏，有意的讓他們在演奏中缺失一個組，但孩子們的內心裡，這個組的節拍依然存在。這時其它組的孩子應該注意，不要在這個拍節裡發出任何聲音，讓這個寂靜時段充分地表達出那缺失的節拍。這時候需要大家保持高度集中的注意力。在下一次演奏此一小節時，指揮會讓這個小組重新發出他們的聲響。每個小組都可能被指揮要求停止發聲，有時是一個組，也或許是兩個組都不發聲，甚至偶爾四個組都不發聲，然後再讓每個組在他們的時間段裡繼續發聲。

我們可以想像，這種缺拍演奏的節律是一個多麼有趣的場景。這裡我要再次強調的是，老師不要期待這種練習很快就能獲得成功，那都要看練習的實際進展而定。我們的目的當然是要獲致成功，但也不要忽略了孩子們的樂趣。當我們在一種節律中已經做到沒有一個孩子掉了隊，所有孩子都能夠體驗到內心傾聽的缺失拍節了，那麼我們的練習就可以繼續往下面一個節律進行。

可以想像，通過這種練習，孩子們的內心傾聽能力會有大幅度的提高。下一個對他們的巨大挑戰是，自己在內心裡調動與體驗自己小組的發聲。這一點他們在一年之後就會做得非常好了。

音程介紹

用內心來傾聽，是瞭解不同品質音程的重要基礎。我們在唱歌時，除了唱歌曲本身，當然也包括這些音程在內。但現在要評價這些音程的品質（也就是音程帶給人的感受），則需要我們將注意力投注到一種嶄新的微細過程中。

現在我們的目標是，讓學生們把它們的聽覺意識，轉到一些特定的過程中去。也就是說，要求他們建立起一種新的注意物件，他們不僅僅要聽到一些聲響，而且還要把耳朵伸到這些聲音的間隔裡面去，這些部分是聽不到的，但確實是可以感覺得出來。我們必須做一些練習，讓傾聽在安靜的氛圍中進行，經過這些練習之後，學生們就都能夠毫無困難地把注意力集中到那些中間的部分裡去了。

我們在這裡也可以透過一個觀察靜物的例子，來說明這個過程：

　　我們把一個松枝插到花瓶裡，然後把它放到一個白色的牆壁前面。這樣，首先看到的是褐色的樹枝與綠色的針葉。我們把目光靜靜的在這個松枝上停留一小會兒，我們會慢慢感到目光會發生推移，我們可以看到那些背景空間──就是那些透過綠葉中間看到的空間。我們看到了白色的牆壁，看到它們在綠葉的陰影後面是如何的閃亮。它們所構成的，是一幅完全另外一個樣子的畫面。

　　通過這種視覺的推移，我們會獲得一種全新的感受。聽覺也是如此，我們也可做一些相應的練習。這裡的問題都關係到自我的意識：我需要把我的聽覺往哪裡推移？我怎麼樣才能有意識地控制自己聽力的方向？我要強調的是，正是通過這種有目的的聽力訓練，才能夠使孩子們感受到一種特別的氛圍，這種氛圍平時並沒有人注意到，但實際上卻一直在不經意中作用於我們的聽覺。這些練習打開了一個全新的領域，培養孩子們獨立鑑別的能力。他們在練習中會學到，不僅傾聽聲音中的直接資訊，還要傾聽沒有表達出來但卻同時存在的隱含資訊。於是我們就有了一個新的空間。我們常說一句話：弦外有音。這話的意思是，我們發出的或演奏出的聲音在表達直觀內容的同時，還不經意間伴隨著一種感情的因素，而這就是新的空間。發現並研究這個伴隨空間，就會對一個資訊交流過程做出更加可靠的細緻判斷。

　　Jacques Lusseyran 在他《重新找到的光》（*Das wiedergefundene Licht*, 1963）一書中提到，他在八歲由於一場意外而成為盲人，這種殘疾迫使他不得不去發掘自己聽力的新天地。經由努力，他能透過

他人的語言聽到語言背後的真相。如果一個人跟他說話，他能聽出這個人的話中哪些是真哪些是假。他能夠通過這種穿透傾聽的能力識別出申請參加反對黨的人（當時還是德國納粹政權在法國統治時期）是值得信任的，還是想作為密探潛進來的。他的書中（在描述可疑人員時）說：「我感到，在我與 Elio（一個申請者）之間，有一種東西插進來，好像是一道黑色的螢幕。」（頁 158）在該書中，作者還生動描述了他的聽覺感受，是如何變成視覺感受的。

書中寫道：「我沒有成為音樂家，這其中的原因很奇特。因為當我在 a-，d-，g- 或者 c- 弦上彈撥出一個音時，我還沒有來得及聽，就已經聽不到了。實際上我不是在聽這個音，我是在看著它了。單個的音、和絃、曲子或者就是單純的擊打節奏，所有的聲音在我這裡立刻都變成了圖像，變成了彎曲的線、筆直的線、圖形，甚至風景，並且所有景物都是有顏色的。當我用琴弓拉一下那個空著的 a- 弦的時候，立刻會在我眼前出現一道強光，這光晃得我常常會中斷演奏。」（頁 70）

我們可以逐漸地學會，透過一個人所說的話，就能夠聽到他內心的本意。同樣的，我們也可以透過音樂的聲音，感受到那樂曲中一個個空隙後面那個空間的品質。其實，我們在無意中一直是聽著音樂中的這個背景空間的，否則音樂對我們也不會有這樣大的感染力。我們從六年級開始要做的練習，就是讓孩子們把這種無意中的傾聽，變成有意識的傾聽。還有一個重要的問題是，在練習中，一定不能把自己內心傾聽的感受當作是一種主觀的臆斷。當我們使用

不同品質的音程來訓練孩子們時，他們就會體驗到，隱藏在這些音程後面的背景空間，確實是一個客觀存在的世界。

體驗間隔空間

在我從事教師工作的多年裡，我一直在尋找一種能讓孩子們更好地體驗音程內在品質的方法。我從自己教育工作的實際經驗中知道，每當我們看到歌曲開頭的第一個音程，再聯繫此前學習到的有關音程的知識，我們也可以很快的記住每次練習的歌曲所涉及到的是哪種音程，但這種音程對內心狀態帶來了什麼感受，也就是說，音程品質究竟如何，好像此後就再也沒有繼續去關注它的那個意識了，這種機械的學習關閉了感覺的通路。

在我們尋找音樂內在品質的過程中，Schmiede von Manfred Bleffert 公司的樂器給了我們很大的幫助。

這些樂器中，我們常用的是一個很大的鐵質大鑼（直徑 1.10 米）。當這個大鑼敲起來時，我們可以直接體驗到一個巨大的音響世界。它的聲音中似乎彙集了全宇宙一切可能的聲響，瞬間壓向我們，似乎要把我們撕裂。在聽這種聲響時，我們需要巨大的力量才能讓自己保持清醒而同時還能在內心追隨它向周邊波及的蹤跡。在這聲音的波濤中，我們自身的心理姿態基本是這樣的：「我是絕對安靜的，我靜靜的站著，讓洶湧的波濤透過我的全身流向遠方。大鑼的聲響敲開了一個持續震動的巨大世界的大門，我必須竭盡全身氣力，才能保持安靜而不失去自我。」

鐵質大鑼（Schmiede Manfred Bleffert 產品）

　　這種「在聲音中站穩」的情形，會使人回想起在音樂優律思美舞蹈中的身體樂感。雖然現在的聲音是單調的，但這也是一種有規律的節奏。我用我的兩條腿牢牢地站在地板上，我感到全身有一種自上而下的堅實力量。在體驗讓自己隨著音高不變的單調聲響而動作起來的過程中，實際上從外部是看不出什麼動作的，但內心的活動卻異常強烈。這種活動過程就是在內心裡不斷樹立起自信的過程。當我感知到一個聲響時，我本能的讓自己遠遠離開，不過我又強制自己重新回到原處。或者換一個表達方式：當我聽到一個聲響時，我就處於這個聲響的作用之中，不過同時我也從外部回過頭來觀察這個聲響。當我不斷地從外部以這種方式來傾聽這個聲響時，我也感到自己就一直處在這個音響之中了。只有當我能夠保持住自

己的意識，能夠在聲音中，或者更確切地說，在聲音間隔的等待中，牢固地站穩，我才能承擔這種壓力。通過這種體驗，我對 Rudolf Steiner 關於絕對音程感染力的表述（Steiner GA 275, 1. 1. 1915）有了更為深刻的理解。在這個過程中，不是哪些音高在起決定作用的，而是一種特定的內在音響形態在起作用，它們具有相應的感染力。譬如相同音高的聲響，它們沒有音高的因素，只有一種始終如一的內在音響形態。我們可以將其設想成一種狀態，也就是說，存在著這樣的一個音程狀態，即或這個狀態只是很短的瞬間，我們仍然能通過運動的方式，或者通過運動中發出聲響的方式，使它在我們內心裡持續一段時間。正是透過這種在聲音間隔中的心理活動，我們才能夠清楚地體驗到這個音程狀態。

當我們對孩子進行了相應的指導，讓他們知道應該隨著大鑼的聲音做外部但主要是內部的運動之後，孩子們就體驗到了聽取與感知之間的聯繫。我們長期以來在上課中就已經常在做運動練習，孩子們對運動已經很習慣了，不會羞怯。

練習

學生們分散地站在教室裡，人人都把注意力集中在自己身上。他們幾乎沒有任何外在的運動，只是靜靜地站著。他們應該集中精力讓自己的運動與從大鑼聲音中得到的感受協調起來，這種調動內心感受的努力，使得教室裡彌漫著一種明顯的肅然氣氛。但正是這種對聲音的感受，才是通往音程感受道路上的一座橋樑。

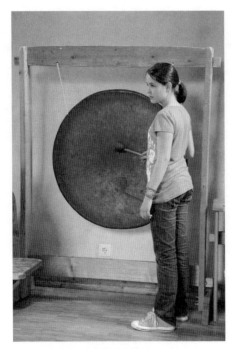

敲起大鑼，要下課了！

　　因為課堂上嚴肅的氣氛凝重，於是我打算在練習過後，用另外一種樂器的聲音消弭這種氣氛，好讓孩子們集中於傾聽的內心努力能夠鬆弛下來。但事後我發現，另外的聲響雖然改變了氣氛，但並未終止孩子們對傾聽的注意力，只不過注意力集中的物件發生了轉移，因為現在是一種完全迥然有別的音響環境了：

　　我讓孩子們用的是三角鐵與銅質音棒。課堂的氣氛這時就立刻改變。此前在教室裡的嚴肅氣氛消失殆盡，孩子們輕鬆地笑了起來，他們相互走近、靠攏，並開始彼此交談，這是一種安寧的氣氛，而且這種氣氛也很快在教室裡擴散開來。這的確是一種心靈層面上鬆

了一口氣的感覺，不過我們通過另外的聲響所營造的氣氛，的確使訓練內心感受的練習升級到了一個新的高度。這些樂器的聲音效果確實與大鑼的效果完全不同：如果說孩子們在大鑼敲擊時是非常嚴肅、非常安靜，並且把注意力集中於自己的內心，那麼現在他們好像又被吸引到外在世界來了，這一點他們自己也無由控制。此時，我就必須終止這個練習，不過我很高興看到，不同的樂器的確是產生了不同的效果。

在每一次的傾聽與運動練習結束之後，我都要跟孩子們再講述一下，什麼是音程？什麼是音程的品質？現在他們已經可以體驗到不同的音程為他們所帶來迥異的內心感受，並能將此種感受表達出來。

體驗邊界

如果我們用自己的內心感覺去體驗七度音程，那麼我們就來到失去自我、超越自我的邊界地帶了。我們使用銅質音棒的聲響來做練習，就會體驗到這種邊界的氛圍。

這種練習會使孩子們感到有如受到了一種外來的刺激。（我想起了那個二年級的學生，他在練習中把銅質三角鐵扔掉並喊叫著跑出去，因為他當時就感受到那種強烈的刺痛。）那是一種音調很高且持續快速震動的聲響，就是這種聲響引發了無法自控的現象。在這種情況下，我就只能敲響大鑼，發出低沉的聲音，以避免練習中出現某種混亂。孩子們的內心重新感受到這種有節奏的低沉聲響，這種聲響讓

課堂出現了安穩平靜的氛圍，使大家的注意力重新集中起來。

　　這裡出現的是兩種完全不同種類的聲響，它們造成的效果明顯有異。現在看，要能在這兩個極端的音響之間保持一種均等關係，那麼還缺少一個和諧的中間區域，缺少一個平衡。

　　接下來，我們使用一個中等大小的銅鑼（d = 大約 25–35cm）。一半的孩子敲打銅鑼，另一半孩子隨著鑼聲動作起來。他們很快就能覺察到，這個銅鑼發出的聲音使人產生一種安定感、平衡感。此時他們隨著鑼聲做出的動作也是一種安靜的搖擺動作，他們可以感覺到這聲音在穩定他們的呼吸狀態。而音棒與三角鐵營造出來的氛氛，使人感到需要徹底的呼氣。人們會覺得自己是完全聽任一種音程威力的擺佈而難以自拔。對這種氛圍的體驗越清晰，對聲音之外的層面也就感受得越深刻。

　　在歌德的一篇敘事詩〈魔法師的學徒〉[1] 中，那個小學徒暗中學到了師傅的魔法口訣，某次趁師傅外出，他就想試試口訣的威力（這個學徒代表了一種具好奇心並對世界上有影響但看不見的東西很感興趣的人）。這個故事在今天仍讓孩子們有深刻的印象。大家都清楚，魔法師的學徒沒有掌握駕馭這非凡能力的方法。我們在前面講述的音響體驗中，一些孩子已經有意或無意地意識到了這些聲音給聽覺造成的影響是不能隨意濫用的。他們應該學會去掌握這些音響的作用，更要避免造成傷害。

1　譯注——在這個故事中，學徒試著用口訣讓笤帚自己掃地，笤帚掃了，但他不知道如何停下來，經過了各種尷尬後，師傅回來了才收場。

　　我本人在學校的教學中也感到音程的學習效果很明顯，當今許多地方的音程學習也很普遍，不過關於音程對意識的影響力，我從前體會得不多。而現在的學生都在追求強烈的體驗，如果他們在學校或家裡找不到什麼刺激的感覺，那他們也許會從飲酒或吸毒中去嘗試。這個年齡段的孩子，開始會追求意識的界限以及超越界限後的感覺。青春期裡，這種追求可以是很瘋狂的。即或是最好的學校最負責任的家長，也常常都避免不了這種事情的發生，因為這種體驗就是生活。但是，可以通過強烈的音響體驗讓他們體驗邊界的存在，從而盡可能地避免越過那個會失去自我的門檻。同時我們也提醒孩子們，不必出門，不假外求，在這個門檻裡面還有很多值得追求的東西呢！

　　為了體驗這一點，我們使用了三個音程作為範本。

　　由大鑼產生的第一度音，由銅質音棒產生的第七度音，以及由中等銅鑼產生的第三度音，孩子們體驗到它們所營造的氛圍後，便可輕鬆地體驗其他所有音程的氛圍了。

　　這個年齡的孩子很願意從自然科學的角度，去理解這裡面的原因與效果是怎樣的一種關係。但，僅僅是由於這種氛圍的新奇，我們就該在藝術教育中探求這種知識嗎？

練習

　　學生們面對面站成兩排。一排孩子總是唱第一音，而另外一排孩子唱另外一個音以作為應答，大家皆可不斷體驗到音高間隙所營

造的氛圍。這樣我們就慢慢能體驗到各種音程的品質效果了。

變換方案 1

讓八個孩子拿著直笛，一個人站中間，其他人圍著他站成圓圈。在外圈站著的每個孩子，都要在全音階中確定一個自己的音。每當站在中間的孩子面對外圈的某個孩子吹奏第一音時，外圈的那個孩子便吹奏起自己的音。如果外圈的孩子是按照站位次序而吹奏全音階，那麼中間的孩子很快就會明瞭他所面對的孩子是吹奏哪個音，可以產生哪個音程。

所有其他孩子們都應該在傾聽中自問，在那八個孩子的吹奏問答中，是否建立起一個可以感知的音程？或者，它們只是先後吹奏的兩個無關的音階？

變換方案 2

這個練習與上一個用直笛的練習是一樣的，但使用的是定音鑼。敲擊基礎音的孩子站在中間，其他孩子站在他周圍，每個人負責敲擊全音階中的一個音。中間的孩子想要聽哪個音，他就轉向哪個孩子。

變換方案 3

指定一個孩子來指揮手持定音鑼的孩子們敲擊出一個曲子，然後指派下一個孩子，讓他指揮大家重複這個曲子。

這種曲子應該是大家所熟知的。

所有練習都是用來強化內心傾聽的。練習的關鍵點在於不斷減少外在的動作，以達到強化內心能力的目的。

　　我們對學生通過講解與身體動作的方式，讓他們熟悉一些音程：純一度、大小二度、三度、四度、五度、大小六度、七度與八度等等，當孩子們已經足夠充分地掌握了這些概念之後，我們就開始放棄動作而專門練習只用內心來傾聽。這個年級的孩子在優律思美課中都做過通過表情來表達對音程感受的練習。他們已經知道，當他們聽到樂曲的第一個聲音時，就可以聽到接續下來的音程了。

練習

　　老師在里拉琴上彈奏出一個音，讓大家只是在內心裡傾聽下一個音程。為了避免學生們產生不自信的心理，所以每次只讓他們傾聽兩個音程。最好選擇兩個距離較遠的音程，比如小二度與八度音程。在第一個音發出以後，孩子們應該在內心中感覺到第二個音。當然，這第二個音是沒有彈出來的，只讓他們說出內心中感覺到的這個音的名稱。練習一段時間之後，他們就可以唱出第二個音了。我們不斷變換著所選的兩個音程，比如大二度與五度音程，或者三度與七度音程。在這個練習中，當老師彈奏第一個音時，他對音程的設想應該是堅定而果斷的，只有這樣練習才能夠取得成功。

　　每當我的注意力下降時，孩子們也聽不出什麼音程來。

　　經過一段時間的練習後，他們就能夠聽得出我對音程的預期是朝向高音還是朝向低音方向的。我對自己的音程預期越是強烈，孩子們就越能清楚地找出這個音程來。

使用正確的音調 [2]

在練習中我的突出感受是，孩子們都能夠全身心地投入這種傾聽的過程。表面上看，他們好像是在猜謎，但如果我們體驗到他們有多麼專注地傾聽，就會明白他們是如何努力的尋找答案了。在這個練習中，不存在什麼機靈或不機靈的孩子。這裡只有音樂潛質埋藏得很深的孩子，以及能夠快速發掘出音樂潛質的孩子。在這傾聽的藝術中，只有高度的注意與細微的體察才是最重要的。

這個練習中，在彈撥出兩個音之後，要求的重點不在於盡快說出音程的名稱，而是要求他們調動自己的內在力去觸摸與感受每個音程所帶來的心靈衝動。這種傾聽中的感受，會使他們較快速地理解音程內在的魅力。在這樣一個年齡段裡，孩子們本能的心理活動會與他們當時的認知（乃至以後的理智）無法完全一致，甚至會勝過他們的認知。因此，全面地認識各種不同的音區感受，並從藝術的高度去理解，是具有重要意義的。把每一種音程表達的氛圍視為一種心靈狀態來研究，那麼這種努力就會成為一把打開人們情感世界的有效鑰匙。

我們在練習中並不追求對所有音程類別都進行體驗，音程類別的完整性並不重要，重要的是，學生們應該有這樣的體驗：我在學習如何傾聽那音程背後原本聽不到的部分。這樣他就為自己打開了一個全新的空間。

這個年齡的孩子可能都會明白俗話「鑼鼓聽音，說話聽聲」

2　譯注——Den richtigen Ton treffen. 實際上是個成語，意為：說話時使用恰當的字眼。這裡使用了雙重含義。

的含義。但是他們經常不能正確地理解這些弦外之音，也找不到恰當的字眼來表達。這種在社會交往中的辨聽能力，是一種非常引人關注的課題。在交流中經常遇到的問題是：我的確聽出了對方說的是什麼嗎？他還有別的意思在裡面嗎？我還聽到了完全不同的意思嗎？是什麼使我聽不出對方的真意？

在我們的校園裡，孩子們之間的暴力行為尚不能完全避免。因此如何解決無暴力的交流，就自然是一個必須積極去面對的問題。這個年紀的孩子，應該提高他們在語言交流方面對精神暴力及其影響的認識。在我們進行上述練習的時候，把音樂的感知交流引申到語言交流方面，效果是很好的。

鐘琴演奏

練習

三個孩子坐在中間，他們可以圍成圓圈，也可以前後方向排成一行，每人都有一部鐵質鐘琴。他們不互相看，但都是以上行與下行方式敲擊出全程音階。演奏的速度並不是由某個孩子確定，而是由三個人共同演奏所形成的。他們既要把傾聽的中心放在自己的琴上，同時也要放在其他孩子的琴上，只有這樣全神貫注的傾聽，才能保證合奏的整齊與協調。他們內心的傾聽與對外界的傾聽，在練習中達到了協調一致的狀態。

練習

依舊是演奏全程音階，但不是合奏，而是每個人只負責一個音。也就是說，第一個人演奏 c 音，第二個人演奏 d 音，第三個人演奏 e

Britta Stolze 公司出品的鐵質鐘琴

音……等。演奏應該流暢，就像是只由一個人演奏一般。所有人都能夠感受到這個共同營造出來、把所有音符都聯繫在一起的氛圍。每個人都能夠清楚地聽出來，他們之間的配合是不是非常完美。

練習

在接下來的練習中，仍然是這種相互配合的演奏方式。速度是均勻的，不過演奏的不再是全程音階，而是一段自由樂曲。這個練習的規則是：演奏中的音階間隔不可超過三度音程。樂曲應該簡短而完整。不能在隨意拍節上就突然中斷。

變換方案 1

這個練習中，孩子們得重複他們自由演奏的樂曲，換言之，他們自由演奏的樂曲不宜太長，必須以自己能夠記住為原則。

　　這個練習要求孩子們保持高度集中的注意力，不僅是演奏的孩子，傾聽的孩子也必須集中精力。當一個自由演奏的樂曲（盡可能不要過長）結束時，還可能要求傾聽的孩子亦再重複一遍。這樣，我們就把上面說到的規則都練習到了。

　　這是一個巨大的挑戰，不過如果孩子們把上面說的那些練習都做過了，他們就可以接受這個挑戰。在這個練習中老師應該注意的是，所有的音與音階間隔，都應該帶著心靈的感情而演奏出來。如果這種內心的伴隨意識足夠強，那麼整個班級都會處於演奏與傾聽的全神貫注的氣氛中。（在十年級會做對位法[3]練習，那時就可看到，學生們對於自由演奏樂曲已有充足的靈感了。）

鼓的演奏

　　除了前述的自由演奏練習以外，我們還有鼓的演奏練習。這個練習在於集中高度注意力的同時，還能夠為孩子們帶來一些放鬆，從而使他們獲得必要的平衡感。

練習：左手—右手

　　這個練習，是訓練孩子們均衡使用左手與右手來敲擊。

　　敲擊之時，加重敲擊的節拍是變化的。首先是有規律的變化：我們敲擊的節奏是四個四拍，第一個四拍中重敲第一拍，第二個四

3　譯注——Kontrapunkt, 對位法。這是一種在音樂創作中使兩條或者更多條相互獨立的旋律同時發聲並且彼此融洽的技術。見 http://baike.sogou.com/v7711649.htm

拍中重敲第二拍，第三個四拍中重敲第三拍⋯⋯。如此反復迴圈下去，直到大家都很熟悉這樣的敲擊方式為止。

練習：四響系列與三響系列

一組孩子敲擊上面練習過的四響系列節奏，另一組孩子敲擊三響系列的節奏。開始時是兩組先後交替的敲，然後是同時一起敲。在練習中，兩組可以交換角色，原來敲擊四拍節奏的，現在改敲擊三拍節奏，另一組也相應的變換過來。

最好在小組擊鼓的間歇時間裡，安排某個孩子單獨地敲一陣鼓。比如，在小組敲過了規定的節奏後，老師就做出一個手勢讓大家停下來，然後讓一個孩子單獨地敲。可以把預先規定好的節奏寫下來，每個小組在某段時間裡皆可不斷地重複練習。這樣小組的集體敲擊就更加純熟，單個孩子的敲擊也更加從容。

我們前面講述過四年級使用膝上響木做的練習內容，現在用鼓也可以同樣的重複下來（或者使用懸掛響木來重複）。

練習：模仿

所有孩子坐成圓圈，一個孩子首先敲擊出一段節奏來，然後其他的孩子按座次一個個的重複這段節奏。

變換方案

一個孩子先敲擊出一段節奏來，然後其他孩子接續，不斷地重複這段節奏，直到第一個孩子做出停止的手勢為止。這時與他相鄰

使用懸掛響木做練習

的孩子（或者是另外一個想出新節奏的孩子）敲擊一段新的節奏，大家再接續。如果這個練習中每一段新節奏的速度都不同，那麼孩子們會感到更加有趣。

練習：用三隻鼓做自由交流

三個孩子用自己的鼓完全隨意的先後敲擊出各自的節奏來，對他們的要求是，不但自己敲，也要相互交流。像其他練習一樣，這裡也有三條原則：

注意聽節奏的開始！

要想著節奏的結尾！

聽別人的節奏，但不要忘了自己的節奏！

孩子們都能夠很靈活的運用自己的方式來與夥伴交流，他們的能力常令人感到驚訝。另一件引人注意的事是，我看到有些後來進入學校的孩子，也就是那些從未參與我們以前所有練習的孩子們，對現在的這種練習完全不知從何開始，只能無助地抱著自己的鼓坐著。

成為時代達人

創造性是需要訓練的。要成功找到靈感的源泉，就需得盡早展開尋找。但在孩子們找到自己的道路之前，老師必須為孩子們做好鋪墊，這樣他們才能在這條平坦的道路上順利前行。要使孩子們在音樂方面能夠有創造性的合作，就要對他們加以引導，安排模仿訓練，並給予必要的自由空間。

除了為提高聽力而特別安排的自由演奏練習以外，我們也練習演奏成型的樂曲。我們通常會在一段比較集中的時間裡安排專門的課程，我們的自由演奏與成型樂曲演奏也是這樣，在一段時間裡側重於安排某種練習。

很多人對於我們學校的工作有一些誤解。他們說我們這裡只有隨機安排的練習而無真正的音樂教學。問題是，究竟什麼才叫作「真正的音樂」，他們並沒有明確的觀點。

在前面這些講述的過程中，我特別注意的問題正是把各個年級的種種自由練習仔細地講解清楚，並希望大家能明確地認識到，對孩子們從一年級就開始強化的聽力，是發掘其潛能、打開他們音樂之門的一個有效途徑。

　　在藝術領域裡，我們一個基本的出發點，當然應該是讓孩子們在頭腦中形成自己的思想。然而我在某些學校中所看到的，卻是讓所有孩子在頭腦裡描繪出甚至是臨摹出一張同樣的思想圖片。但願這樣的時代已然成為過去。不過在音樂方面仍然有一種思想，認為人們應該演奏已經成型的作品，演奏已經譜寫好、已經發表的作品。

　　如果我們的孩子從小就能夠接受指導，並能夠體驗到發現自己的聲音與自己的音樂的樂趣，那我們的音樂教學該會有多精彩的場面啊！如果能做到這一點，那麼，聽現代音樂並喜愛現代音樂就不會是個問題。因為障礙的因由乃在於傾聽的方式。

　　現代音樂要求人們更加主動地全神貫注的傾聽，而這種傾聽的意識與能力，正是我們對孩子們進行培養的主要內容。在這過程中，傾聽本身成為一種創造性的行為。Hans Zender 在他的《祝新耳朵快樂》（*Happy New Ears*）一書中非常明晰地指出：「被稱為現代音樂的這種新音樂，把人們從虛假的自信中解脫出來，將他們完全置於開放的聽覺世界中去。」接著他進一步解釋說：「我們應該去培養這樣一種傾聽，亦即不是要在結構層次方面理解各種審美體系的含義，而是要把注意力放在每個瞬間的這裡與現在，放在孩子們「純聽力」的活躍狀態方面。」他繼續寫道：「為何我們當代的音樂很難被聽眾接受，甚至比現代美術更難被接受？也許就是因為當代音樂要求更加集中精力的傾聽，比我們在通常環境下所需具備的注意力還要高。」（Zender 1991）。

　　Zender 還強調說，我們對歐洲傳統音樂中大師作品的學習與欣

賞，是深入理解新音樂的基礎。對於他的這種說法，我還是得贊同的，然而這就是我們在學校裡能夠做的唯一事情了嗎？果真如此，那我們在何時又在何處才能讓孩子們接觸新音樂呢？我還可以將問題表述得更直接一些：那麼，孩子們創作的音樂不是新音樂嗎？我們就不具備傾聽新音樂的能力嗎？或者，我們覺得自己知道什麼是新音樂了，是我們的錯覺？我們把孩子們的音樂就當作是某種新音樂，這樣太唐突了嗎？

如果有人親身體驗到，孩子們不僅可以參與自由演奏，而且他們還能夠將自己的純真與無畏，與樂器的聲響及音階聯繫在一起，並通過悉心的傾聽，讓內心處於高度敏感的狀態，那他就一定能夠理解上述的這些問題並非空穴來風。我想我已經講得很清楚了，自由演奏出來的並不是隨意拼湊的創作，即便他們只是孩子，也不至於隨意的拼湊。它是孩子們通過數年聽力的學習與訓練，逐漸成長起來之能力的體現。正是這種能力，使得他們每次的自由演奏都是一次有意識的創作。每次自由演奏出來的樂曲，都是可以再次重複的。從六年級開始，對於這種自由演奏出來的作品，我們每次在事後都會展開討論。

這裡重要的是，對每個年齡段確定一個適當的難度等級，把聽力成長的道路擺在那裡，讓孩子們自己去發現、去體驗。這樣成長起來的人，才是音樂方面的時代達人。

Lied des Bergmanns

Text: Novalis
Musik: Lothar Reubke

2. Wer ihrer Felsenglieder
geheimen Bau versteht,
und unverdrossen nieder
zu ihrer Werkstatt geht.

Er ist mit ihr verbündet,
und inniglich vertraut,
und wird von ihr entzündet,
als wär sie seine Braut.

七年級

在集體中的個性問題

　　華德福學校的辦學原則是，教育一切孩子，不管他的天賦如何。

　　當然，這些學校中的孩子們，在音樂能力方面也是千差萬別的。我們要做的事情，是全面地培養孩子們的能力，因此我在音樂課中從來不單獨關照資優生。對於所有孩子，我們都應該讓他們通過練習與嘗試，認識到自己的長處與短處，而不是人為的給他們做出評價。在我們的即興練習中，我始終都強調，自製的音響器材與正規的樂器，在培養聽力方面的效果是不分軒輊的。我們這樣做練習，就使得每一位孩子都能夠參與進來，一起體驗音樂的魅力。為此，我們使用了音棒，讓大家分組練習，同時也穿插著使用正規樂器做自由演奏的練習。

練習

　　讓八到十位孩子站成一個圓圈，每人手中拿著一根銅質音棒。他們首先開始擺動自己的音棒，當大家的擺動達到一個共同的節奏時，就讓他們的音棒在圓圈的中心一起碰撞一下。持續這麼做，每擺動一次就在中心處碰撞一次，於是，音棒的聲音就形成了一個音

響空間。此時一位獨奏者開始進入練習，他需要將這個音響空間的音高作為出發點，用自己的樂器接續演奏一段獨奏曲。獨奏樂器開始奏出的第一聲響，就是給予音棒組的提示信號，表示讓他們停止演奏，把他們營造出來的音響空間轉讓給獨奏者，此後便單留獨奏的樂曲聲了，大家可以通過樂曲的進程感覺到他即將在何時要結束了，那麼這時候，音棒組便再次展開演奏。

如此，音棒組與獨奏者之間多次的交替，就形成了一種音樂的對話。

不過在這樣的對話練習之後，還必須進行一次語言交流。每個人都可說說自己在練習當中感覺到了什麼，是否彼此間有相互的眼神注視與回應。這些在此一年齡階段都很重要。對話交流中，我們可以問：音棒組與獨奏者間是怎麼進行交流的？你感覺到這種對話嗎？你「說」了很長時間的「話」嗎？你們之間都彼此聽懂了嗎？你們很喜歡這樣對話嗎？或者這樣的對話很無聊嗎？對方的「話」對現在這種對話的影響很大嗎？……如此等等。

與孩子們一起，把練習中的直接體會，提升為意識層面的認識，認識越清晰，孩子們也就能更能夠學習到如何將音樂過程轉化為語言的表達。我們的語言多數情況下都是描述自己所看到的事物與視覺上的感受，而如何藉由語言描述聽到的事物，如何描述聽覺的感受，需要我們通過學習來掌握。

這一點對孩子們來說，通常並非易事。不過他們如果能在這種討論中說出別人尚未說過的體會，那他們還是會感到很興奮的。這

大家一起擺動銅質音棒

音棒還一直在響著哪！

種討論就是在調動他們的創造能力啊！我們的實踐再次表明，孩子是具有很強的語言創造力的。

　　如果我們使用其他各種獨奏樂器來代替音棒做練習，從而體驗其所帶來的獨特效果，那麼這將是一種非常美好的感受。現在，孩子們有興趣去嘗試其他樂器了，他們很想聽聽如果不是音棒而是小鑔，那麼響起來該是什麼感覺？如果是大鑼，又是什麼情況啊？

　　假如在班級裡，大家都對這種嘗試引頸企盼，那我們的目的就已經達成了。孩子們就是想多聽多體驗，他們對此充滿好奇。這種

狀態不正是我們所欲追求的最高境界嗎？孩子們已經開始走在我們老師為他們照亮的道路上了（參照第一章）。換句話說，他們已經能夠開始獨立自學了。而這正是每位教育工作者的目標所在。

這種自學意識，在七年級裡仍處於比較粗淺的階段，但已不失為一個良好的開始，可為日後的持續發展奠下基礎。

樂器組合

下面要做的是一個即興的練習，這個練習的開頭部分，在六年級時也可以做一做：

練習

讓六、七個學生每人為自己選擇一件樂器。（在我們的音樂教室裡，很多樂器都置於開放的櫃子裡，孩子們隨時能拿取使用。）這個練習中的特別之處在於，讓他們盡量選擇不常見的樂器組合，例如使用三角鐵、響木、里拉琴、沙錘、直笛、小鑔、銅鑼、鐃鈸等。

每個孩子都以同樣的速度透過自己的樂器發出音響。這樣過了一段時間後，大家就可隨意改換成其他的節奏來演奏了。於是，在練習中就出現了一種新奇感、一種新的音程，這種變換會讓他們有耳目一新之感。我在這裡特別使用了「音程」一詞，因為它表述的也是一個間隔，一個在聲響之間的間隔，或者是一個在樂器音色之間的間隔。練習中的重點，就是保持這種間隔帶來的新奇感。

在七年級裡，這種對音程的感受，再次引起孩子們的關注。

一個非傳統的樂器圈

變換方案 1

練習中不分先後次序，人人皆可隨時發聲，當然這時候還是得遵循下面的三條規則：

1. 注意演奏的開始，從安靜狀態開始演奏！
2. 注意演奏的結束，演奏的長度要看大家的注意力，如不能堅持就停止！
3. 注意傾聽他人與自己的演奏，要對兩者保持同等的關注！

在所有練習中，孩子們都必須注意自己演奏與傾聽他人之間的平衡，使自己演奏的聲音與小組其他人的聲音是融洽的。在這過程中，大家肯定都會感知到每時每刻的聲響狀態。儘管我們已經規定

了三條規則，但在練習過程中還是會出現一些自由的空間，供孩子們隨意發揮演奏的熱情。這時候，孩子們必須自己決斷，對於我們這種演奏過程是否要嚴格遵守上述的規則，或者說，這種練習是不是還要求我們做其他什麼事情。他們必須自問：此刻，如果我不去考慮與其他孩子之間的平衡了，我就這樣自己繼續演奏下去，即使大家都停止了，我也持續演奏一會兒，這樣做是必要的嗎？或者，我需要讓大家演奏下去，而我自己這時候就不演奏了嗎？

這個決斷需要在很短的時間內做出來，因為一經做出不同的決斷，則整個演奏就立即變成了不同的樣子。這個瞬間裡所要求孩子的，就是要機智果斷，明快抉擇。

變換方案 2

讓一個孩子做這個樂器組合小組的指揮。

當指揮者通過手勢向大家表明，什麼是他真正喜歡聽的（而不是比如他的朋友要求聽的）時，那麼演奏的強度就會越來越高。把在練習中出現的某一個段落，蓄意組合起來不斷重複演奏，也是練習的一個層面。

變換方案 3

現在讓三個孩子站在演奏組的前面。第一個孩子做指揮。第二個孩子重複他所聽到的段落。第三個孩子要對重複的水準做出評價，看第二個孩子是不是重複了，重複得怎麼樣？

共同學習

在自由演奏的過程中，要求孩子們有獨創精神。而孩子自己能夠創作出一小段樂曲，那更是一種深層次的樂趣。在這個自由空間裡，孩子們可以盡情地琢磨出什麼曲調。而這個空間就會在日後成為一個生長點，使孩子與他們自己的理想與願望融匯在一起。在自由演奏中，他們會有這樣的感覺：我能做到這個，大家都在聽我演奏哪，我應該演奏我想演奏的，我切入演奏的時機恰到好處，我的聲音對大家的演奏有決定性的影響。這些感覺都是寶貴的財富，足以影響孩子的一生。既使是小小的創作與簡單的展示，也都意味著自信的喚起與強化。孩子們對自己的反應能力、對自己的獨創特質認識得越清楚，他們就能更深刻的發現自我，而為自己贏得更多的成功。

在所有這些自由演奏的練習中，我們都可以感受到他們自己在發生某種變化。這個變化不是老師對孩子們要求的，而是細心的老師在與孩子們互動的過程中體察到的。他們在練習中的壓力在慢慢地減輕，教室裡出現了一片寧靜的氣氛。這種相互的學習形成了師生之間的親密關係，老師不是在對學生說教，學生也不是在與老師抗衡，他們之間是一種協同工作的狀態。未來的學校裡，應該是老師與學生每天都在一起共同的學習，共同的成長。

嗓音與變聲期

如果我們在前幾個年級裡幾乎每天都與這些孩子們一起唱歌的話，我們就會知道，他們那時的嗓音絕大多數還是都唱女高音部。

不過現在這個年齡段開始變聲期了。每當我們談論起男孩子們即將到來的變聲期，尤其是在全班場合談論時，我總是看到他們仍舊興高采烈。但這群即將變換成另一種嗓音的孩子們，現在也處於一種心中無底的狀態。他們經常自問：我身上會發生什麼事？我會變成什麼樣子？我什麼時候變成那個樣子？

此時跟全班孩子一起來談論這個話題是很有必要的。如果人人都心知肚明自己的嗓音正面臨一種變聲期，那麼這時如果有誰的嗓音突然開始發生異常了，那麼就完全不必感到難為情了。而女孩們也能意識到男孩們會發生什麼變化。一碰上適當的時機，我們的講解也完全能夠轉入性啟蒙的教育內容，也可以涉及女孩子可能遇到的問題。其實大多數的孩子並非真的懵懂不知。而現在是由老師嚴肅地來講解這些私密的話題，所以可以看到整個教室裡其實充滿親切真摯的氣氛。我們在課堂上講解這種大家所共同關心的問題，會使孩子們產生一種集體歸屬感。對某一些受父母離異或感情不和之家庭影響的孩子，這都有很好的效果。

我們在這裡談的一直是 Stimm-Wechsel（嗓音改變），而從來不用 stimmbruch（嗓音嘶啞）一詞，這一點是很重要的。有誰喜歡自己的嗓音發生了什麼嘶啞呢？而「改變」一詞還是比較易於被接受的。如果男孩子們有規律的經常唱歌，那他們的嗓音就多數不會有什麼嘶啞發生。根據我在學校多年的工作經驗，他們多數人會在三個月內度過這個變聲期。

變聲期是身體成長的一個必經階段，也是一個美好的階段。只

要我們有足夠的準備，孩子們就會更加健康的進入新的狀態。比較重要的是，我們不要告訴男孩子們，這時候不能唱歌（遺憾的是，仍然有人經常如此告誡說不能唱）。他們正是在這個時候應該繼續地唱歌，不管唱什麼聲部，女高、女低、男高或男低都無妨。這倒是一個試煉的機會，允許他們在各聲部都能試試身手！必要的時候，我們還要更多的歌唱練習。這時可以體驗到，一個人如果可以唱出低沉的聲音，那個男人味是什麼感覺！

七年級，我還在我們班裡選用了 Ch. W. Gluck 的 Orpheus [1] 作為較高級別的作品來練習。序曲部分是由我們班級的樂隊來伴奏，其他部分則都是鋼琴伴奏。唱的部分有女高與女低兩個聲部，孩子們還無法承擔男高與男低聲部。獨唱部分，可以根據個人的能力與興趣，由一個孩子或數個孩子來擔任。男孩子在練習中也還是按女高音的方式來唱，由鋼琴來為其伴奏。在這個年齡段，選用一個這樣高級別的作品進行練習，是要讓他們再次體驗這難得的機會。因為他們這時期的嗓音還是足以應對這種挑戰的，往後的嗓音可就要有所改變了。

我們可以將這時期當作太陽落山時的餘暉來比擬。童真太陽的光輝依然明亮如初，黑夜的氣息則尚未到來。而我們說的青春期在某種程度上，就好像是這個即將到來的黑夜。在這黑暗中，一切東西都將為之變樣。這時候，我們應該採取某些特別的措施，驅散暗

1　譯注──Orpheus，俄耳甫斯，希臘神話中一個詩人和音樂家。本文中是一個音樂作品名。

夜氣氛的襲擾，以重見明亮的天空。在這個人生成長的過渡期裡，語言的功能有時會黯然失色，而音樂卻反而成為重要的媒介，幫助他們表達自己內心的聲音。

現在，直笛的演奏稍稍退到後臺地位，大家經常練習的是唱三個聲部的歌曲。小鼓在練習中也總還有固定的位置。此外，孩子們仍舊一直要求做盲人遊戲或者走迷宮等。我的感受是，孩子們對運動的快樂並未稍減，仍在積極追求中。

六年級時我們曾講過五度迴圈圈，此時也要做這方面的練習，使用里拉琴演奏不同的調式與三音和絃等。這時我們也做些記譜的練習，以便深化所學的知識。孩子們以前因為對這些內容曾經多次透過運動、傾聽等方式體驗和演練過，所以這種記譜對他們來說並不困難，故而樂意參與。這種記譜練習是用來讓孩子們自我檢查的，而不是讓老師用來測驗孩子們的能力，老師也應該明白這一點。

當然，老師也不一定會瞭解到學生的全部感受。我就是在多年以後回訪原來的學生時，才了悟到我當時忽視的或只是模糊感到的一些情況。有一位學生，在整個八年的學習期間一直是個沉默的孩子，很多時候他就是在那裡靜靜的聽著，課堂上幾乎不曾聽過他說什麼話。他也不喜歡里拉琴或直笛等樂器。但是在他離開學校多年以後，有一次卻對他的母親說：「在學校裡最享受的事，就是唱歌。」

Das Leben wohnt in jedem Sterne

Text: J. W. v. Goethe
Musik: Lothar Reubke

八年級

自譜合奏曲練習中的獨創能力

八年級裡，全班的集體演奏形式仍然是藝術課的主要教學內容。在音樂課當中，我們經常按自己的實際情況寫出一些曲子來嘗試著演奏。有些孩子已經能夠得心應手地使用自己的樂器，並且已進入學校高級別的樂隊了。他們除了在舞臺上有自己特定的角色外，還參加了樂隊的演奏。

在樂隊裡，也會有高年級的老師參與，他們會通過這種方式熟悉這些八年級的學生。這些老師在九年級就要接手這樣的班級，因此他們也會根據學生們的樂器種類與演奏水準，為整個班級譜寫某些演奏的段落。

不過在八年級的上半學期裡，尚有某些例行的課程持續著。在這些課堂裡，我們要把自行譜寫樂曲的練習再做些提升。（當然自行譜寫的計畫內容無法在現階段全部付諸執行，勢必得到高年級才繼續進行。不過我與學生們的這種練習，就進行到此了，因為我的教學任務就是到八年級為止。）

我們先完成自己要譜寫的演奏總譜。孩子們寫出他們對演奏處理的目標，並進行嘗試性的演奏，然後總結一下，這段音樂是不是

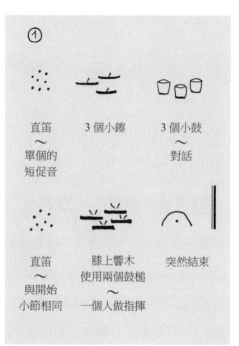

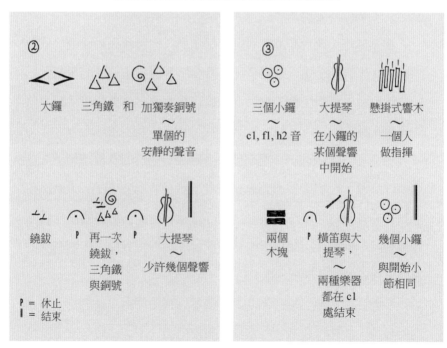

符合他們的聽覺預期。最後演奏者都要講一下他們對這樣處理後的演奏總譜的感受。

　　這些事例（當然這還只是少部分學生），說明了我們以前所做那麼多的練習，現在確實收到了效果。而學生們在練習中普遍表現出高升的水準與獨創的能力，的確令我們感到驚異！

音響對話

　　我們對 Julius Knierim 提出的音響對話練習（也參見 Tobiassen 2004）做了一些改動。

　　我們並未如同 Knierim 在 Hepsisau [1] 所做的那樣，組織那麼多的樂器參與，我們是在自己的教室裡，當成一種日常教學的練習來進行的。我們有三個小鼓、三個鐘琴，還有三個里拉琴或直笛（端視孩子們的實際情況而定）。

練習

　　每個孩子使用一件樂器，於是一共九個孩子參與練習。

　　幾個孩子都安靜坐好以等待某個小組開始。對話的順序是沒有事先商定的，那麼大家就有必要仔細地聆聽，看誰率先演奏自己的樂器。如果三個小組中有一個小組的某個人開始演奏了，那麼該小組中的另外兩人就得立刻跟上，於是「對話」展開了。當這個小組演奏一結束，另外兩個小組就得參與進來。這時，到底該由哪個小組先開始？和前面一樣，也是未預先商定而靠隨機確定的。這當中

1　譯注——城市名，位於德國巴登—符騰堡州（Baden-Württemberg）州。

完全沒有過渡期，而是一個人人精神高度集中的時段。在此練習中，對話既是在一個小組中的三個人之間進行，也是在三個小組之間進行。練習當中，我們不應該設想自己是在利用發出的音響表達某種內容，實際上，這個音樂活動本身就是所要表達的內容。我們要練習的是這種動態的運動、靜態的休止、安靜的期待，以及音響之間的對話。這種對話是建立在音樂層面上的一種交流。

三方對話

我們以前一直進行的是雙方對話與交流，而現在的三方對話是一個全新的練習形式了。這種練習會給孩子們帶來完全迥異的新奇感和意想不到的新體驗。

我們從人與人的關係中可以感覺到這種情況。如果某個兩人關係的體系中加入了第三者，那麼原來的關係就會產生一種新的變化。這種變化可能會是令人不悅的麻煩，但也可能讓人耳目一新。多數情況下是兩個夥伴取得一致意見，而第三人則或聽從這個意見，抑或反對，從而使這個關係發生新的質變。我們這裡的練習目的，也同樣在於讓三者之間產生交流，而這個交流是不斷進行的，不能中斷，不能停止。如果這個練習當中只有兩方之間在密切交流，根本毫無插入的空間，沒有讓人參與的機會，那麼這個練習就不是成功的。尚應避免的是，三方都想要均等的「發言」。如果大家都同時奏響自己的樂器，結果就會產生誰也聽不清的混亂局面。在這個練習中，我們不需要說話就能通過音樂的方式進行交流，這種交流是

人際交流的另一種表達形式。如果練習中真的沒有人「說」點什麼，那我們的練習就更是失敗了。

這種相互交流的遊戲，有時候會演變成輕微的暴力比拼，而不再是校園中常見的溫柔遊戲了。

細心的老師可以在這種練習中，看到學生們在其他層面上的各種表現。

有時候，當大家都在注意這種比拼，而不是注意演奏的本身時，可能會感到更加緊張。我們不要有錯覺，以為在練習中下意識發生的這些較量，孩子們都感覺得到。沒有！他們仍然寬容大度的彼此交流，這些表現有時甚至超乎我們的想像。如果不是親自參與，有多少成年人會容忍這種比拼呢？從這個意義上來說，我們真的應該向孩子們學習。

在這種練習中，會有很多不發聲的寂靜音段，對於這個時段的意義，一直有很多問題提出來。諸如，在這個寂靜音段裡發生了什麼？寂靜音段就是不發出任何聲響嗎？它要持續多久才算結束？一段樂曲開始部分的寂靜音段，我們也能聽見嗎？樂曲結束部分的寂靜音段，也能感受到嗎？

關於這個寂靜音段的意義，我們可以參照生活中的休息時段來理解，比如暑假裡的休息、夜間的休息等等。在這些時段裡，究竟發生了什麼？大家都知道，休假後我們有全身心煥然一新的感覺。或者，如果我們夜間不睡覺，毫無休息，那麼就沒有精力去完成新的任務。我們也可以從體育課裡的體驗中知道，休息一下有多麼重要。

　　我在演奏中的一個休止時段後，會以較此前大不同的感覺去繼續演奏。這說明在這短暫靜音的過程中，的確發生了某些變化。那麼我們都能感知或能特別注意到這一點嗎？我們參與練習的三個組中，每一組都能在他們的演奏中安排上一個休止時段嗎？通過對這些問題的思考，使我們的意識中增加了一個新的關注點。

變換方案

　　如果練習的時間過長，孩子們的遊戲熱情有些減退了，整個練習就會在平淡中進行著，那麼這時可以再讓某個孩子加入這個練習來，他可以使用一副鐃鈸或兩根響木為演奏注入新的聲音。當然這個孩子是事先指定好的，他可以自己決定是否要參與這個練習。

　　有些孩子會覺得自己的加入可能會擾亂大家，而有的孩子則覺得為整個練習增添了樂趣。這種感覺上的差異，在我們生活中也不免會遇到。我們很難立即做出判斷：一個攪局者長期的來看會不會是一個好幫手？不管怎樣，我們讓這個孩子加入，會使練習更加活躍。

走位練習

　　走位練習可以提高舞臺表現的能力，增強對自己運動狀態的關注程度，因此我們也經常做這種練習。我必須感謝 Pär Ahlborm [2] 先生，我們有很多的練習都來自於他的作品。

　　我在八年級的教學中，有時也會看到孩子們出現疲憊的表情，於是我們就展開走位的練習。這對於多數時間基本都坐著練習的孩

2　譯注——Pär Ahlborm, 瑞典音樂家。

子們來說，是一個很好的調節方式。

練習

所有孩子都在教室裡隨意地漫步。當一個樂器發出啟動聲響時，大家就要立刻停止走動，站成人數大體相等的兩個組。一旦大家都站定好了，就由另一件樂器再發出一個啟動聲響，這時這兩個剛才站好的組就打亂了，大家繼續在教室裡漫步走動。

變換方案 1

與前面一樣，孩子們都在教室裡隨意漫步走動。這時，第三件樂器發出啟動聲響。於是大家應該立刻站成人數大體相等的三個組。

變換方案 2

與前面一樣。現在是第四件樂器發出啟動聲響。於是大家應該立刻站成人數大體相等的四個組。這樣的練習可以多次的進行，每次都靈活地改變次序與站位的方式。

變換方案 3

走位練習，一如前面所說的那樣站成四個小組。然後停止走位練習，接著讓大家唱四聲部的卡農曲。用走位的分組方式還可以接續多聲部的合唱，這種新奇的安排會為眾人帶來更多的歡樂。

練習：發出觸動信號

將全班分成兩個人數相等的小組。一個小組的孩子分散在教室裡隨意站在某個位置上之後，另一個小組的孩子就開始走動。每個

走動的孩子皆可走到某個站定的孩子的身後，用適當的力量輕輕觸動他的背部。前面的孩子感知到觸動以後，就立即開始走動，而後面的孩子就站定不動了。

在此練習中所欲達成的一個目標是，要產生一種共同的運動場面，儘管走動的人只有一半，但看起來就好像所有人都在同時走動一般。為了避免有人站的時間過長或走動的時間過長，這個觸動信號應該盡快地傳遞下去。我們必須讓大家都能感受到練習中的整體場面，要把自己的移動速度與他人的節奏協調起來，並要隨時確立自己的走動路徑，避免碰到別人。

這個練習在六、七年級裡也是能夠毫無疑問地做下來的，不過要做得到位，使整個場面平穩均衡地流動起來，那唯有到了此刻才算能真正做到。換言之，這種練習在八年級裡不單是開了花，而且也結了果。現在已經可以有意識的讓整體的練習均勻地流動起來了。

進入青春期的孩子們，通常不願意鄭重其事的運動（他們在教室裡最樂意做出的姿態，就是顯出一副懶散的模樣），對他們而言，能夠把練習做到這個地步，已是一項巨大的成功，很值得展示與鼓勵。因此，我們最好是在一個大教室或者在舞臺上來進行這種練習。

練習

一個孩子慢慢開始走，其他孩子一個個跟上去，這樣一個小組的孩子都走動起來了。當大家都找到共同的速度時，整個小組的孩子就要一起加速。如果有人對提速沒有及時反應過來，那麼他就必

須以更快的速度追趕，才能與大家融合在一起。

　　整個小組的速度在不斷的加快，當大家都感覺到速度不能再提升的時候，就慢慢降下來，此時孩子們一個個離開隊伍，跑到邊上來。最好的狀態是，在練習中所有人都關注著整個小組的運行，每個人都能夠感知整體的步伐，首先開始運動起來的孩子必須先離開運動中的隊伍。這樣，整個練習過程的節奏是通過孩子們的協調感覺來共同控制的。

　　這裡我還要說明的是，這種練習不可能所有孩子都很快就做得令人滿意，但在練習中所獲得的新體會，卻是非常重要的收穫。

　　非語言的交流，是一種重要的交流能力，它對於集體活動，比如全班的演出等，都非常必要，不可或缺。為了提高這種交流能力，也可以做做下面的一些練習：

練 習

　　我們大家一起唱一首三聲部的歌曲，但並不事先約定誰唱哪個聲部。我先給出一個手勢，讓每個人都自己定好唱哪個聲部，但這個決定只放在心裡不說出來。然後讓大家開始，所有孩子立刻走動著唱起來。

　　交給孩子們的任務是，要好好聽，看三個聲部是否都有人在唱，三個聲部的強度是否大體相當。如果沒有，那麼他們就應該變換自己的聲部，以達到三個聲部的平衡與和諧。這個練習會給孩子們帶來很大的樂趣，他們很高興一再重複這個練習。這個練習會培養他們的專注精神與全域觀念。

變換方案

　　事先確定一個卡農曲。一聲部的孩子們首先開始邊走邊唱，然後二聲部加入，最後是三聲部或四聲部再進來。每個人都得確定他自己唱哪個聲部。

　　這個練習當中的懸念是，每一個聲部加進來時，到底有多少人？這個練習也可以坐著或站著來做。或者，當大家都走動著練習一次以後，再以不走動的方式練習一次。

練習：鳥群式跟隨

　　所有孩子都在教室裡默默走動，不講話。每個人都隨意走自己的路線。然後就逐漸出現某個孩子當了帶頭人，大家跟著他走。他領頭走了一會兒之後，就到隊伍後面去。領頭羊消失了，教室裡便又陷入混亂。這時需要新的領頭羊出現，但不是用語言指定，只能在走動過程中讓態勢自然明朗。有時，這個過程頗費一段時間。有時孩子們會阻止帶頭人離開，整個小組就是黏住他，讓他不得脫身。（要做這種練習，大教室是絕對必要的，而能在室外進行也很好。）

　　在八年級的歷史課裡，講的是國家社會主義的時期。在這個練習當中，我們可以直接說明一下，那個時期的引導與跟隨是什麼。孩子們很容易體驗到，例如跟隨一個人有多麼容易，而同時跟隨者的責任又有多麼重要。

　　我們在八年級做過這麼多練習之後，現在可以通過對話的方式把我們的體驗提高到意識層面上了。

媒　體

　　我們的孩子們現在也都為媒體世界的魅力所征服，隨身聽與 mp3 播放機都紛紛進入了校園。這事兒既不能透過單純的制止來杜絕，也不能用行為規範來說服。不過在所有公開場合，我們還是要經常提及這些事情。有一次某位學生來問我，他讓我說說媒體的問題到底在哪裡？我就想到，還是做個類比吧！這樣孩子們更易於接受，至少也能啟發他們自己去思考。

　　我說：「你們大家肯定都知道馬鈴薯泥怎麼做的，也知道它是什麼味道吧？最近我在高速公路休息區的一家小餐館，點了一份馬鈴薯泥。我在那裡可以看見櫃檯後方有一台什麼設備，大廚從上面倒入某種粉末與水，然後啟動按鈕，這些東西就翻攪起來，機器下面的出口處則放置一個盤子。原料處理好之後就直接落到盤子裡。我感到奇特的是，這樣做出來的東西看起來跟我們家裡的馬鈴薯泥並無不同，吃起來的味道甚至也一樣。但它不是真正的馬鈴薯泥，只是一種類似的人造產品。現在，從機器裡出來的音樂，就像這種馬鈴薯泥，聽起來像真實的音樂，也跟真實音樂一樣悅耳，給我們帶來的感覺也無分軒輊，但實際上它不是真正的音樂。它就像人造的假馬鈴薯泥，沒什麼營養。」

　　這樣的類比，可以使孩子們很直觀的理解並看清問題的所在。

我也問過他們，怎麼就喜歡上了媒體音樂？一位學生告訴我，他每天都會到母親工作的單位去。他母親在一個大型超市裡做蔬菜包裝的工作，工作環境很嘈雜。他只有用耳塞聽聽音樂才能忍受那些噪音。這回輪到我來同情他了！

儘管如此，我當然還是非常希望這些已經受過多年聽力訓練的孩子們，不會過分受到這種機器音樂的衝擊，期盼他們還能夠認識到本身聽力體驗的價值。

教育工作，從根本上說，始終應該堅持的是，在孩子的童年時期，通過各種可能的影響方式，把最好的東西傳授給他們。這樣就會加強他們的防衛意識，他們在成長的過程中就會具備一種判斷能力，做出正確的選擇。那些能夠發現自己的獨創優勢，並在與此相關的各方面都曾經年累月地參與訓練的孩子們，就會具有一種特別的能力。這種能力使他們在生活中找到了奮鬥的目標，走出了自己的道路。

因此，我們為年幼的孩子們盡可能提供更多的感知內容，是很有必要的。讓他們接觸各種顏色，傾聽各種聲響，感受語言的豐富含義，領會文字（也包括歌詞）的深刻表述，這些都是孩子們心靈成長的重要養分。這些最純真的感知，會隨著孩子的成長不斷地深化。人們有時會在成年之後，才發現這種感知的重要作用。這時候若還能發現新的自我，是多麼令人興奮的事啊！

課程的開始與結束

當我們演奏或歌唱某一音樂作品時，樂曲的開始與結束是非常重要的敏感時段。如果這部分處理得不好，那麼整部作品都會受到很大的影響。我們音樂課的開頭與結束的階段，情況亦然。在做自由演奏的練習時，我曾提出過三個原則。這些原則在我們的課堂教學與課堂時間的分配上，也一體適用。

如果音樂課裡，一開始老師就要長時間的等待孩子們安靜下來並坐好，那麼這種音樂氛圍基本上就蕩然無存了。一如所有藝術行為（我們的音樂課就是一種藝術行為），開始之際安靜下來是非常必要的。不過，如果把這一點作為一個常規的方法來運用，那麼音樂的激情也有可能因此消退。

總的來說，對於剛入學的小孩子，讓他們的課堂就從不安靜的狀態開始會更加自然些。這時候課堂上會是一片喧嘩，有些孩子會把樂器拿出來，有些孩子則在抓緊時間相約放學回家路上如何一起走，有的炫耀自己的新鉛筆，有的交流自己認為很重要的消息，各種交流溢滿室內。

然後，我們讓孩子們慢慢的把注意力集中回來，讓他們明白現在關注的重點是新的內容，所以應該把心思放回這裡。我在剛開始教學時，對我作為教師的這種做法一直有些顧慮，我覺得自己把寶

貴的時間浪費在一些無關緊要的小事上了。然而實際上，這只是我們成年人的看法。在孩子們看來，他們關注的重點與我們完全不同。作為一個教師，應該不斷地有意識的提醒自己，孩子與成年人看問題的方式有著顯著的差別。

最近在一次課後的討論裡，一位大學生提出了一項問題：課堂究竟是屬於誰的，是老師的還是學生的？對於課堂究竟誰屬的問題，我還真的沒想過。不過這是一個非常值得討論的問題。孩子們一定會嚴肅地回答：課堂是屬於老師的！這個回答看來很絕對，而我們不正是經常以這種態度來上課嗎？實際上，課堂是同屬於教師與學生兩方面的，這是一個共同的行為。如果缺了一方，那就不成其為課堂了！古老的傳統教育理念曾為我們定下了一定的規矩，學生上課前必須安靜地坐在位置上，老師進來時要起立問老師好，然後安靜地坐下來等待老師授課。這些規矩雖然已經過時，但在我們大多數教師的頭腦裡，仍然殘留著某些影響。

如果我們把「屬於」這個詞的前綴去掉 [1]，這個詞就成了「聽」，那我們就步入正確的軌道了：在課堂上，最核心的問題就是「聽」。為了要聽到我們在課堂上將會一起做什麼，我們必須保持一個期望，大家一起靜靜的等待上課的開始，這是我們的課前氣氛。保持這種安靜，是需要練習的。練習的目的，並不在於冷冰冰的坐著，而是在寧靜中努力去感受即將開始的音樂，以期待的心情去傾聽。

一堂音樂課可以藉由以下的方式開始，我舉幾個例：

1　譯注——「屬於」德語為 gehören，去掉前綴 ge-，則為 hören，聽。

他們正在唱什麼歌啊？

◎ 老師吹奏直笛，孩子們個個順次加入，與老師保持同步吹奏。

◎ 老師用直笛自由吹奏一個曲子並走近某位孩子。這個孩子會
在這種課前的喧鬧中意識到上課即將開始了。他要站起來，
從老師曲子的最後一個音開始，接續自由吹奏。這種方式常
能使孩子們自然安靜，大家都意識到已經開始上課了。

◎ 使孩子們能更快一些集中精力的方式是，做有節律的練習。
用不同的節奏一起做前拍手與後拍手的動作，通常能使孩子
們很快的放下自己關注的事而加入集體的練習當中。

◎ 另，可讓孩子們無聲歌唱，亦即不發聲，只用手勢表達音調

高低。孩子們對這種練習很感興趣（年幼者立刻就會模仿）。

◎ 有時即使是簡單的手勢也能解決問題。譬如用手勢示意把里拉琴打開，這樣就能讓孩子們動作起來並安靜等待上課。

如果一堂課正常開始了，那麼下面的內容就會順利進行，並輕而易舉地安排各項音樂活動。多數情況下，開始的這個階段決定了往下的教學活動的走向。如果一堂課沒有成功的開始，那麼下面的做法就只能隨意了，而教學活動也難以流暢，只能是孤立的一個個的練習。一堂課看樣子是維持下來了，但課堂上卻毫無孩子們的共同激情，缺乏讓他們感受創造性樂趣的場面。

一堂課的結束，也是一個重要的時刻。我們應該在下課前讓孩子們進入一種安靜的狀態，這種引導做得越好，那麼這堂音樂課裡學習到的內容就會越深刻地留在孩子們的心中。如果下課鈴一響，就立刻將一切都拋諸腦後，那麼所剩者僅僅是枯燥的感覺了。課堂上所學習過、練習過的那些內容，率皆蒸發，消失無蹤。我們常常能從孩子們在走廊上的大肆喧鬧聲中聽得出來，音樂課上的活動與練習並未取得應有的治療效果，反而還讓他們釋放出一些煩躁的情緒。

每個老師都有這樣的體驗：我們有時很清楚知道，學生們有一些問題存在，但問題出在哪裡呢？這卻常常一時三刻想不清楚。

下面列舉一些如何下課的例子：

◎ 如果下課前的內容是唱歌，那麼大家一起再把那首歌用無聲唱的方式再來一遍。這種練習效果很好。老師用手勢陪伴孩子們一起唱，這樣就幫助他們不致中斷剛剛獲得的思路。

◎ 做運動方面的遊戲，就如前面提過的例子那樣，常能使大家安靜下來。

◎ 如果地板上有地毯，那可以讓孩子們坐下來，讓一顆沙沙球在他們之間來回滾動傳遞著。較小的孩子們只使用一個沙沙球，大一點的孩子們則可多球同時傳遞（我們的沙沙球是亞洲國家的產品）。

◎ 拿一個物件，不讓孩子們看到，放在一個布幕後面使它發出聲音來。讓孩子們猜出該物件。比如用兩個刷子互相刷，猜是何物？將紙撕碎，這是一種什麼紙？拿鞋來刷，猜得出來嗎？……等等。

◎ 老師用兩個響棒敲出幾個孩子名字的音節來，比如，′x xx=Julian，或者 xx ′xx=Katharina, 或者 x=Jan。被叫到的孩子可以提前離開教室。

◎ 把一條六米長的紗巾放在地板上，讓兩個孩子握住兩頭抖動，使紗巾上產生傳播狀的波浪。

◎ 大一些的孩子，可以把紗巾拿到手臂的高度，讓一個沙沙球在紗巾上滾來滾去。這種做法不見得在任何情況下都能使孩子們完全安靜下來，但剛剛在課堂上進行的音樂活動卻可透過這樣的活動讓教室氣氛安靜下來（見下頁的圖片）。.

◎ 一個孩子拿起自己的樂器，給大家演奏。

◎ 老師為大家演奏一段曲子，最好使用里拉琴，可使眾人快速安靜下來。

◎ 老師讓孩子們回憶一下，這堂課是怎樣開始的。

不能讓沙沙球掉下來

這類下課的方式不需要成為一種固定的禮儀，每次下課都安排不同的內容也很好。只是教師應該有這樣一個意識，不能忽視這個短暫時段的重要性。這就像是一個樂曲演奏結束的安靜瞬間，指揮已經做了終止手勢，但指揮棒還停在空中沒有放下，人們似乎還能聽到演奏的餘音──這是一個聽眾掌聲響起之前的安靜瞬間。把這個時段處理好是老師的藝術。有時，這個時段可以拉長，下一次也可以縮短，但絕對別忘記用心處理這個時段！

我們常常會很容易忘記上課開始與下課結束之際的這個重要瞬間，除了個人的疏忽以外，也因為基於現代技術的媒體音樂給了我們無形的影響。它們通常只是把這個時段製作成聲音逐漸減弱的形式。而在這開始與結束之際的靜默時段，在媒體音樂裡是無法表達出來的。這就剝奪了我們在演奏前對樂曲期待以及演奏後對樂曲回味的空間。

在一到三年級的音樂課裡通常要培養的習慣是，下課前用一點點時間來靜靜傾聽一下剛剛結束的樂曲或歌曲的餘音。在比較高的年級（四到六年級）裡，這就成為一個固定的習慣了。

一個不太被人注意的事情是，每次在進行結束前的靜聽過程中，都可能會被下課鈴聲打斷，這就大大影響了靜聽的效果。儘管我們收到過多次告知，一個學校只有裝備了上下課鈴聲才屬正常，但我們學校一直沒有這種設備。我們學校已有三十年歷史了，從未因此發生過任何問題。如果一個老師需要拖拖他的課，即使有了下課鈴，也阻止不了他的打算。

以團隊的形式參與練習

　　人們總是相信某些傳統的設備，認為這些東西對學校是絕對必要的。如果我們做了有違傳統的改變，大家就會感到奇怪，因為先輩們總是蕭規曹隨，從來不曾改動過。但這樣的認識過於保守。

　　教師始終應該在課堂上既照顧到個別的孩子，也照顧到全班的孩子。他應該交替地安排運動與靜止的練習，且交替地安排傾聽與樂器演奏或唱歌的練習。

　　所有金屬樂器發出的聲音都很容易觸動聽覺並打開身體後面的
聽覺空間，從而營造一個寬廣的氛圍。與木質或石頭等音響器材發
出的聲音相比，它表達更多的是環境的寧靜。不同類別的聲響，給
人的感受自是有異。利用各類聲響做練習，能提高孩子們傾聽的興
趣，並喚起他們的好奇心。在與孩子們一起做的這些練習中，不斷
的變換各種類型的聲響，都會顯著增強課堂活動的效果。在安排活
動內容時，有緊張有平靜、有清醒有睡眠，這是一個重要的原則。
一起演奏，一起活動，這會促使孩子們進入平靜的狀態，這樣的練
習也相當於入睡。重複老師或他人的演奏，則需要集中精力來完成，
這相當於甦醒。

　　如果老師能夠成功營造出開朗與愉快或者嚴肅與緊張的氣氛而
與孩子們共同做練習，那麼他肯定就稱得上是一位教育藝術家。如
果課堂上的歡笑已經是教學常態，那就更好了。

　　最後我還要強調，學校可以是並且也應該是給孩子們帶來歡樂
的地方。

樂 器

經常有人提出樂器方面的問題。他們問，一個學校應該怎樣裝備自己的樂器，既能保證多方面的需求，又能具有很高的品質？

當然，如果學校有這方面的費用可供使用，那是最好不過的了。但是從我本人的經驗出發，我還是建議每位音樂老師，盡可能利用一切資源，自己動手去收集與製作各種發聲器材以供教學使用。

當前尚無一個統一標準來保證學校的中、低年級孩子都能擁有自己專屬的音樂教室，當然也就更談不上擁有自己專屬的樂器了。對於手工藝課，學校當然都配備了工作檯與相應的工具，但對於音樂課，通常只配備一台老舊的鋼琴或幾個小鼓。因此，我們實應自己逐步地製作一些教學活動使用的樂器。也許我們可以申請動用一下耶誕節市場的收益，來為我們的音樂活動添置一點基本器材。

經常有人問，我所說的基本器材都包括哪些？我這裡沒有標準答案，使用哪些器材取決於我們要做哪些種類的練習，取決於我們要為孩子們營造出哪種聲響環境，要在他們身上產生什麼樣的作用。不過我們一直得有一個明確的意識：想要有效地抵制現代媒體對聽力培養所造成的負面影響，我們便需要營造多種多樣的聲響環境。正因我們需要足夠強烈的聲響效果，所以我們首應該考慮的就是音響器材的品質。

　　如果我們打算在一個實驗裝置上進行科學研究，探討各種聲響對人體的影響，那這種裝置一定非常複雜，我們肯定無法獨力完成。不但是樂器材質——諸如木料、銅、青銅、鐵、黃銅等——會影響音質，而且樂器的形狀、厚度與材質比例等也會影響音質，甚至演奏方式及聽眾的心情等等，也都會對音響效果產生很大的影響。因此對於上面所提出的問題，任何人都很難做出唯一準確的回答。

　　我只能說，當我們在考慮課堂上如何選擇教學樂器時，個人的經驗以及對各種音響器材的充分認識，都是非常必要的條件。

　　我們在開始部分曾經講過的音樂課與音樂治療之間的界限，也是需要考慮的問題。既然我們是在應用這些聲響來從事教學與訓練，那我們就應該弄清這些聲響的作用與效果。唯有我們熟悉這些樂器的特性，它們的作用才能夠完全發揮出來。

　　我們在教學中準備了各式各樣的音響器材與樂器，它們為教師與孩子們提供了各類型的條件，使音樂課既高效又活潑。關注與研究這些聲響與相應的運動對孩子們的影響與作用，可以不斷地為教師提供新的創造性的想像力。

木質樂器

　　小的響木，二年級的孩子，只要有一把鋒利的小刀，就足以自己動手去刻製了。除了能拿在手中的響木以外，還可以自己動手做懸掛式的響木，甚或放在地板或膝上使用的響木（我們稱之為膝上響木）。如果音樂課教師與手工藝課教師能很好合作的話，或者手

三個木琴在做呼應演奏練習

工藝教師本人以前就有製作樂器的經驗，那麼在工藝課上，孩子們就不至於再一直受限於製作湯勺之類的東西，而是產製各種大小、長度與厚度不一的響木，形式越多樣越好。我們還可將本身的願望與大致的構思，提供給相應的樂器廠家，請他們給予協助。

對於較高的年級，可以製作一個完整的木琴。它的音高不見得一定和我們的歐洲音準系統相符。不標準的音高，耳朵一樣覺得好聽。

所有的木質樂器發出的聲音，都會給人們帶來跳動感與輕鬆感。木質樂器發聲短促沒有餘音，它們能營造出一種歡快與風趣的氣氛。不過這種音質有時候也會帶給人們某種不愉快。那種不愉快是一瞬間的感受，以致我們沒有時間回味：剛才我是怎麼了？與此相反，

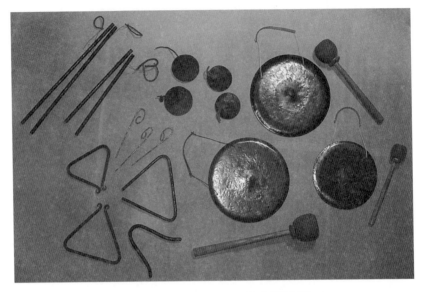

Dagmar Fischer 公司的金屬樂器

金屬材質的樂器會發出清澈的聲響，往往餘音繚繞，使人進入一種安寧的狀態，產生令人驚異的敬畏感。

金屬樂器

在我還沒有從 Manfred Bleffert 公司訂製樂器之前，我是從廢料堆裡的材質裡去尋找樂器來源的。剛開始的階段，這個途徑還算無可挑剔。不過樂器的品質也同時決定了聽覺訓練的品質。因此，廢料樂器並非長久之計。

醫學常識告訴我們，金屬材質裡如果添加了少量的成分，它所發出的聲音對人體所產生的影響就會有很大的變化。當我們使用青銅或者鐵質樂器演奏時，金屬的力量會通過聲響直接作用到我們身

上。儘管人們對於這個作用機制尚未進行過科學的探討，但它們對於聽眾的影響，我們倒是很清楚的。

每一種樂器都具有多種不同的使用方式。譬如青銅棒，在一年級時可以用一個小錘來刮擦發音，到了七年級則可讓很多孩子拿著青銅棒在協調的擺動中碰撞在一起發音。每一種使用方式都有自己獨特的作用。不過青銅棒聲音的一個共性是，它們都有一種擴散到周圍空間的傾向。其他各種樂器發出的聲音，對我們感官的影響也都幡然不同。

三角鐵的聲音會強烈的向外擴張，大鑼的聲音會熱烈地籠罩全域。鐵質樂器與此相反，它的聲音總是朝向中心處走，向內部滲透（參見 Kumpf 2004）。

我曾經對我們的樂器做過有趣的觀察：在我們的音樂教室裡掛著一面很大的鐵質大鑼。一、二年級的孩子從那個大鑼旁邊走過，絲毫不注意它的存在。只有三年級的學生開始會問我，那是一種什麼樂器？問我是不是可以讓他們敲一下來聽聽。看起來好像是這些孩子自然就明白何時可以聽聽這種聲音了。此後的某個階段裡，我就經常得在課堂中為他們敲擊這種樂器。經歷幾天的體驗之後，孩子們的好奇心獲得了滿足，他們對這種音響也就有了相應的認知。

在日本的寺廟入口處，經常懸掛著兩件樂器：一側掛著一個很大的木魚，另一側是一個很大的金屬魚。敲木魚表示寺廟裡要開始日常的例行勞務了，而敲擊金屬魚則表示，要大家回來進行安靜的誦經等活動。

　　這兩種音響表達出來的感覺，一個是動感，一個是靜感。寺廟透過採用這樣的音響，表明了人們其實很早就明白音響對人體的感知會產生特定的影響，這已是一項古老的知識了。

　　在我們的課堂上情況也頗類似：我利用木質樂器的聲音作為督促大家到外面活動的信號，而使用金屬樂器的聲音則作為提醒大家回到教室內活動的信號。金屬樂器的聲音清脆入耳，餘音悠長。

　　從上面所說的現象可以知道，對於低年級的孩子，我們應該以使用青銅樂器為主，而鐵質樂器則只在有限的場合才使用。隨著孩子們年齡的增長，可以更多些使用鐵質的樂器。鐵質的鐘琴有很長的餘音，與鋁質的鐘琴相比，它所遺留的記憶時間更長。不過鋁質鐘琴的演奏可能比較簡單，那麼我們在選擇使用什麼材質的樂器時，也就得考慮到是音響效果重要還是演奏簡單重要了。

科樂耳（choroi）直笛

　　我們學校使用的是上世紀六〇年代出品的科樂耳直笛。這種樂器主要是由 Norbert Visser, Maja Knierim 與 Julius Knierim, 以及 Pär Ahlbom 等人，特別為孩子所設計開發的。五聲音階的科樂耳直笛與 C 調科樂耳直笛，構成了一個樂器組。也就是說，這些直笛發出的聲音是彼此協調的，它們的音調差異能夠互相融合，從而產生一種和諧的歡快之音。此外，對於剛入學者與較大一點的學生，都有與其肺活量相稱的不同設計。五聲音階直笛的吹氣孔很小，而 C 調直笛的孔就比較大，因此適合吹氣量較大的孩子。對於十二歲左右的

科樂耳直笛系列

孩子，還有專屬的設計產品——A 調直笛。這種直笛的吹氣孔只有吹嘴直徑的一半大小。不過由於經費的原故，我們並未購置這種直笛。

　　直笛應該細心保養，定期塗油，這樣發出的聲音才能更柔和。這些直笛都是用一整塊材料製造的，如此，定音才不至於出錯。以前的直笛都帶有一個小的定音吹嘴，更換它便可變換音高。但在學校裡，它的作用並未發揮。這個部件有時從直笛上掉失後就找不到了，這樣的話還真是會出現定音的困境。後來，人們又開發新的型號，解決了這方面的問題。現在，定音塊與直笛被製成一體了。

　　在開始練習五聲音階直笛時，可以讓他們只簡單的向裡面吹氣，

不管發出的聲音如何。這種直笛與木笛的演奏方式不同，這一點很多人都有誤解。如果我們使用的方式不對，那麼科樂耳直笛發出的聲音就不會好聽。雖然演奏的方式很簡單，我們也必須對演奏技巧等作仔細的講解，並且在吹奏音質上花費足夠的精力來練習。通過正確的示範，孩子們很快就能掌握這種樂器，不過此尚屬入門條件。

遺憾的是，科樂耳 C 調直笛在學校中很少有人使用。然而它的音調柔和，作為班級的合奏樂器肯定會給孩子們帶來很好的聽覺享受。而木笛與此相反，在學校比較普及，而且始終作為獨奏樂器在使用，但這種直笛並不適合做合奏，那是降級使用了。我在旁聽其他學校的授課時看到，合奏時大家的送氣方式很粗糙，音準問題也都沒有很好的解決。

在我們的中級合唱團裡有一百二十位左右的孩子，他們會一起合唱，也會一起吹奏直笛。儘管人數較多，但使用我們這種直笛從未發生過前面所說的那些問題。我的體會是，這種樂器的出色音質，保證了孩子們直笛合奏的品質。

其他的科樂耳樂器

科樂耳（choroi）是希臘語中 choros 一詞的複數形式，意為：一起唱歌跳舞，一起演奏。

所有的科樂耳樂器都是由社會福利機構的工廠[1]製造的。除了直笛之外，尚有絃樂器、里拉琴、多音里拉琴、兒童豎琴和各種打

1　譯注——Sozialtherapeutische Werkstatt，這種工廠的工人都有某些精神或身體疾病，故屬於社會救助性質。工作環境寬鬆，適合他們發揮自己的能力。

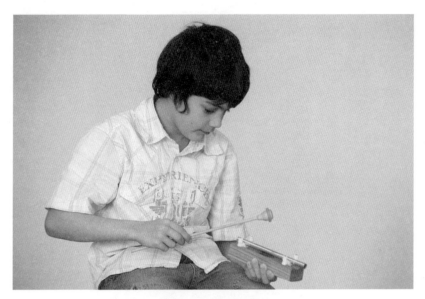

木響筒（科樂耳產品）

多音里拉琴（科樂耳產品）

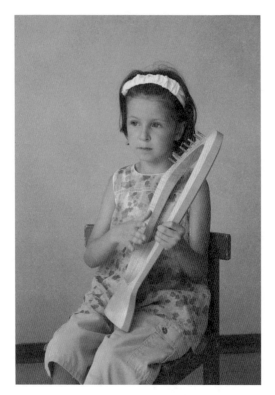

兒童豎琴（科樂耳產品）

擊樂器等。很多科樂耳樂器都是教學用的樂器。在我們低年級的教學中，除了五聲音階直笛外，兒童豎琴與帶黃銅管的單音木響筒等，也都非常適用。此外我們這裡還有一些特別的獨奏樂器，諸如大型的高音質里拉琴，或者 D 調直笛等等。

兒童豎琴各弦的音高

兒童豎琴

　　這種兒童豎琴，是 Julius Knierim, Norbert Visser 以及 Helmut Hofstetter 等人，一起設計開發出來的。他們都是當時 Engelberg 華德福學校的手工藝課的教師。Knierim 所欲設計的是一種能切合孩子們的音樂感受特點的樂器。這種樂器使用五聲音階中的七個音，音質洪亮。這種樂器乃長條形狀，無共振箱，具七根弦（分別是：d1, e1, g1, a1, h1 ,d2, e2）。

　　這種琴上，a1 弦處於正中間的位置上，這種安排是 Knierim 設計的獨到之處。因為 a1 弦是較小孩子的中心音高，由此開始向上是五度音程，向下也是五度音程。這七條弦是以 a1 弦為中心對稱排列的。我們成年人也有自己的中心音高 d1。換言之，男人與女人的音域是在以此音高為中心的區域內相會的。

　　兒童豎琴應該仔細地調好音準，這樣在演奏時才能有真正自由發展的餘地。通過這種特殊的琴弦安排，我們就能很容易的演奏出一些歌曲來。這些歌曲既不完全屬於大調風格，也不完全屬於小調風格，它們兼而有之，就如我們在一些五聲音程的歌曲集中所看到的那樣，很多歌曲是 G 大調的，也有很多歌曲是 e 小調的。

　　在這種音樂環境裡，雖然具有五聲音階的音響元素，但是它的結構因素卻營造出完全另一種氣氛。當我們使用這種樂器與孩子們一起演奏或者歌唱時，我們會感到孩子們的聲音非常輕鬆。而他們在唱一些知名的和聲歌曲時，是沒有這種輕鬆聲音的。孩子在八、

九歲之前，通常是無法唱和聲的。這時期的孩子仍處於完全隨意的狀態，他們的聲調是與他們對周圍音樂環境的感受密切關聯的。在這裡，根本就沒有我們建造的音樂體系的基礎音高，在他們心目中只有某種中心音高，而其他音高則分布於它的上上下下了。

與低年級的學生一起在五聲音階環境中做練習，對於老師來說是一種很大的挑戰，因為學生們的音樂體驗與我們成年人的體驗大相逕庭，這一點我必須要在這裡特別強調。我們成年人必須全身心地進入這個五聲音階的環境中進行教學活動，而兒童豎琴就是進入這個環境的一個很好的輔助手段。

Knierim 的這種豎琴，對於沒有很多音樂基礎的成年人來說，也是不錯的選擇。他們既可用這種樂器進入孩子們的音樂世界，也可以利用這種樂器掌握基本音高（Knierim，1970,1988）

里拉琴（或譯萊雅琴）

里拉琴是一種絃樂器，是音樂家 Edmund Pracht 與雕塑家 Lothar Gärtner 共同於 1926 年開發出來的。這是一種全新的樂器，以至於它的名字在當時並未立即確定下來。Julius Knierim 對我們講過，在研製這樂器時 Pracht 做了一個夢。夢中他看見了自己為形體藝術課做伴奏的三角鋼琴，不過這個鋼琴並非平放而是直立起來的，鋼琴的木板部分盡皆消失，唯有骨架與琴弦還留在那裡。這就很像他新設計的樂器豎琴，只不過琴弦音高不同。他的設計初型由其朋友 Gärtner 接續開發，終於在 1926 年的秋天推出了首批產品。其後的

獨奏高音里拉琴（Salem 里拉琴廠商 Horst Nieder 的產品）

小型里拉琴（科樂耳產品）

幾十年間，里拉琴的產品類型不斷的翻新。有圓形的，也有棱角形的，甚至有不帶共鳴箱的里拉琴，而它們的聲音竟然也跟一般的里拉琴一樣！有大的用於獨奏的，也有小的給孩子使用的。現在更有高音、中音、次中音與低音里拉琴等等品種。

里拉琴是用雙手彈奏的，鋼琴的很多特徵都保留其中。它的琴弦排列與鋼琴一樣，後面的琴弦相當於鋼琴的黑鍵，用左手彈撥，前面的是白鍵，用右手彈撥。不過其高音弦位於左側，低音弦在右側。這對於熟悉鋼琴鍵盤的人來說，在開始階段有點難以適應。

里拉琴的發聲方式很特別，它的聲音能在聽覺上引起高度的關注。但到目前為止，使用里拉琴的學校還不多，而且幾乎都是華德福學校在使用，這是很遺憾的事情。演奏里拉琴在技術上產生的困難，可以在較短的時間內克服。有了里拉琴，班級裡使用的樂器就不單單是吹奏樂器了，還另有絃樂器增色。在教學活動中，聽覺環境的變換與更新是很重要的。事實證明，如果讓直笛作為唯一一種樂器來使用，那麼它的效果會越來越差。因為它被過度使用了。而把科樂耳直笛的聲音與里拉琴的聲音結合起來，效果則出奇地完美。

成為傾聽者

　　我想在本書結束之際，再次總結一下對於兒童聽力教育非常關鍵的一些重要觀點。

　　在低年級裡，除了做運動方面的練習以外，音樂節律方面的訓練也是一項重要的內容。通過練習，尤其是一邊聽一邊做動作的練習，會讓學生們逐漸熟悉高音與低音的關係。通過演示與模仿簡單的樂曲，他們會逐漸記住這些樂曲。

　　在一年級到三年級的走動練習中，重點是培養孩子們對腳部動作的各種感受。對於腳部以及雙腳踏上地面之方式的意識感越強，他們對聽覺的注意力也就越強。

　　四年級開始，兩部或者多部的合唱與演奏，便占用較多的時間了。這時候的孩子們已然能夠關注大家一起合唱或演奏時，各個聲部的協調與配合。此後，從六年級開始，我們就做純粹的節律練習。當然，這個節律的感覺，孩子們早就有了。不過那個時期的節律是融匯在歌曲演唱或詩歌誦讀裡面的，節律在他們的意識裡只是一個背景。而現在，我們要單獨的來練習節律。

　　隨著孩子們年齡的增長，他們能夠越來越有意識地把注意力集中在自己身體後面的聽力空間中。傾聽練習是一個建立自信與放鬆

自我的過程。越是主動地傾聽我們背後的世界，我們就能越多地感受到所能聽到的聲音。如果不用去看，就能聽到了什麼聲音，那就是一種非常純淨的傾聽。小的孩子或者心有靈犀的成年人，都有相應的體驗能夠做到這一點。

閉著眼睛向後面退著走路，讓各種樂器的聲音在背後響起等等，所有這些閉著眼睛所做的練習，都能幫助孩子們把注意力集中到身體後面的空間中去。

聽覺的感受，經常與恐懼有關聯。我們生活在一個以視覺感受為主的環境裡，我們已經習慣了用眼睛去鑑別聽覺的體驗。當我們只是聽到什麼而沒有看到，我們會有瞬間的恐懼。不過，如果我們事先做了充分的準備，那麼我們就會有一份自信，能擁有一個安全的空間。

傾聽是一個隨著時間而進展的過程。傾聽中，我們需要高度的關注與相應的冷靜，既要能夠抓住關鍵的部分，也要能放過一般的內容，這些都能夠通過音樂課的教育與訓練，逐漸地領會與掌握。

小的孩子是將他自己與周遭的世界作為一個整體來感知的。因此他只能將自己的意識集中在某一處——或集中在他自己做的事情上，或集中在他正看到的東西上，抑或是老師正在講的什麼事情上……等等。只有到了十歲以後，他們才不再把注意力僅僅放在某一個點上，而是能夠有意識地將注意力同時集中在兩個點上：既注意到自己，也注意到外部的世界。這種本能是各種移情能力　與各種社會行為的一個基礎。而成年人則都能夠認識到在「我」與「環境」

之間所存在的距離，並且需要通過自身的努力來解決這個距離所帶來的各種問題。

如果孩子們在學校裡接受過數年的聽力訓練，而且是透過我們獨到的訓練方式，那麼這種經歷就會在他們的成長道路上產生決定性的影響，幫助他們成為聽力達人。

在上述多年工作的基礎上，我們還於 2005 年在 Witten 成立了一個聽力教育研究所。這是一個自由的研究與教育單位，它的任務是在傾聽的技巧與傾聽的培養形式方面開展教育、研究與扶持等工作。

我一直覺得，上面說的所有那些練習，都只是在 Wattenscheid 學校裡才有的，且只是我自己在這樣做。事實上，Widar 學校的老師們，在當時也都在音樂課上採用了這種方式來訓練學生，他們大概也是自己找到這個途徑的。我們課程表制定的原則是，不必讓教師分出精力去關注每堂課的時間界限，這樣就能保證這些練習能夠在安靜的氛圍中進行下去。於是我們把全部音樂課集中安排在一段時間裡，每堂課的時間會從四十五分鐘延長到六十分鐘，有時甚至延長到九十分鐘。學生們在四星期的時間裡，每天都有這樣的音樂課。在不安排這種音樂課的時間裡，我還是要在每天早晨普通課的節律練習時間裡，帶領孩子們一起唱歌或者演奏直笛。此外，我們也一直堅持一個理念：為了上好我們的音樂課，我們使用的樂器也必須要有可靠的品質。我那時還有一個目標，也許這點更加重要：我需要一個大的教室，這個教室裡應該要能夠容納半個班級的孩子們在裡面做活動練習。

這些方面，我們已經看到，前面所提及的觀點都是正確的。我們所列舉的條件都是非常必要的，它能夠確保我們當前音樂課上所進行的各種練習，在一段較長的時間裡都還能夠正常進行，而不至於發生諸如身體傷害等等情況。而且，這些練習還能為孩子們提供一些機會，讓他們得以參與到要求標準較高的各種音樂活動上去。更重要的是，某些孩子的家長本來就對他們的孩子沒有什麼音樂方面的要求，這些孩子也因此從未接觸過什麼正規樂器，我們這種集中一段時間上課的做法，就為這樣的孩子提供了一座通往音樂世界的橋樑。

我們建校之後的數年裡，除了舉辦教育工作方面的交流會議以外，也常舉辦藝術工作方面的交流會議。在這些會議裡，我們的教師都非常積極討論並參與各種感知訓練、盲人遊戲及聽力遊戲等活動。正是通過這種多年的努力，才為我們的教學工作奠定了可觀的基礎，使音樂工作成為我們大家共同的任務，也讓音樂教學真正居於學校的中心地位。在各種年度的慶祝活動中，我們用音樂塑造的整體形象，使學校成為一個極富有活力的社會機構，也使我們大家一起共同克服了眾多困難。在這方面，教師之間相互交流的努力，不僅體現在音樂課裡，也體現在其他各項工作中。事實上，每個班級都有自己獨特的工作，每個班級的教師也都以自己的方式在努力解決問題。

如果一個學校的全體教師都能夠意識到這種交流的必要性，那麼這類工作在任何時間、任何地方就都能夠獲得成功。有人認為現

在的孩子比以前更難相處，我認為事實並非如此。相反的，當今的孩子們最缺少的還是精神方面的關照，而正是在這種敏感的問題上，他們比以前更容易接受教育與影響。

在這方面，對教師的一個要求是，他必須不斷的提高自己的聽力水準，強化提高聽力的意識。這不是要求教師解決如何進行聽力訓練的問題，而是要求教師強化訓練意識。

對耳朵的培養與訓練，可能遠比我們能夠想像的還要重要許多。而且這種培養不僅僅攸關某個孩子的福祉，更涉及到我們社會與國家的正常功能。音樂方面的才能、對音樂的領悟，以及聽覺方面的聰慧，都是可貴的能力與才華，不過大多數的人並沒有把它們視為與人類生活整體密切相關的財富來看待；有些人只把它們看作休閒活動的一種形式，有些人則把它們當成是高雅藝術中一個深奧的領域。（Barenboim 2008, 頁 48）

謝 辭

　　每一本著作都是在前人工作的基礎上繼承發展而最終完成的。我能夠讓本書與讀者見面，也必須感謝工作中的諸多好友與同事，他們在本書寫作的各個階段，都給予我極大的幫助、鼓勵或善意的批評。我還要感謝那些為我在亞洲的工作提供協助與支援的朋友們。我現在已經在日本先後工作了二十多年，那裡現在已有大約二十位優質的聽力教育專家。自 2015 年開始，我也在中國大陸與臺灣開展了傾聽藝術方面的培訓班。2016 年我們則要在韓國開展聽力教育的培訓。

　　我有幸能在這些工作中直接體驗到東方國家裡，人們的傾聽方式與西方國家有很多的不同。不過在東方，無論各地的政治制度與具體狀況的差異有多大，人們對於傾聽的認同標準卻都是共同一致的。這種狀況是很好的基礎，它能使人們在內心世界裡真正感知自己的聽覺空間。

　　在傾聽的藝術領域裡，東方與西方是能夠相互促進、共同繁榮的。傾聽使我們增強理解，傾聽讓世界永遠和平。

　　願我們的這個聽覺之路能做出一份貢獻，使得地球上的每一份子都能更好的相互傾聽，彼此理解。

Reinhild Brass， 2015.12. 於 Witten

引用文獻與影片

引用的文獻

Auer, Wolfgang-Michael (2007): *Sinnes-Welten.* Kösel Verlag, München

Ausländer, Rose (1996): *Treffpunkt der Winde.* Fischer Verlag, Frankfurt/ Main

Barenboim, Daniel (2008): *Klang ist Leben – Die Macht der Musik.* Siedler Verlag, München

Bastian, Hans Günther (2001): *Kinder optimal fördern – mit Musik.* Schott, Mainz

Berendt, Joachim Ernst (1996): *Das dritte Ohr.* rororo, Reinbek

Berendt, Joachim Ernst (2000): *Klang der Seele.* Herder Spektrum, Freiburg

Bauer, Joachim (2006): *Warum ich fühle, was du fühlst.* Wilhelm Heyne Verlag, München

Beilharz, Gerhard (Hg.) (1989): *Erziehen und Heilen durch Musik.* Freies Geistesleben, Stuttgart

Beilharz, Gerhard (1989a): *Strömendes Gestalten.* In: Beilharz, G..(Hg.): Erziehen und Heilen durch Musik. Freies Geistesleben, Stuttgart

Beilharz, Gerhard (Hg.) (2004) *Musik in Pädagogik und Therapie.* Freies Geistesleben, Stuttgart

Beilharz, Gerhard/Kumpf, Christiane (2005): *Übwege mit pentatonischen Choroiflöten.* edition zwischentöne, Weilheim/Teck

Blomann, Karl-Heinz/Sielecki, Frank (Hg.) (1997): *Hören – eine vernachlässigte Kunst?* Verlag Wolke, Hofheim

Bollag, Fiona (2007): *Das Mädchen, das aus der Stille kam.* Ehrenwirth Verlag, Bergisch Gladbach

Brass, Reinhild (1989): *Schöpferisches Musizieren – Musik in der Widarschule.* In: Beilharz, G. (Hg.): Erziehen und Heilen durch Musik. Freies Geistesleben, Stuttgart

Brass, Reinhild (1991): *Rein wie das feinste Gold. Kinderlieder.* Freies Geistesleben, Stuttgart

Brass, Reinhild (2004a): *Die Kraft der Stille. Über das Therapeutische in der Pädagogik.* In: Beilharz, G. (Hg.): Musik in Pädagogik und Therapie. Freies Geistesleben, Stuttgart

Brass, Reinhild (2004b): *Intervalle üben.* In: Beilharz, G. (Hg.): Musik in Pädagogik und Therapie. Freies Geistesleben, Stuttgart

Brass, Reinhild (2008): *Die Erde ist des Herrn. Lieder für die dritte Klasse.* Selbstverlag, Witten/Annen. Auslieferung: edition zwischentöne

Brown, Christy (1970): *Mein linker Fuß.* Henssel Verlag, Berlin

Csikszentmihalyi, Mihaly (1992): *Flow: Das Geheimnis des Glücks.* Klett-Cotta, Stuttgart

Gruhn, Wilfried (2008): *Der Musikverstand.* (2. Aufl.) Georg Olms Verlag, Hildesheim

Hart, Tobin (2007): *Die spirituelle Welt der Kinder.* Kailash Verlag, München

Hull, John (1990): *Im Dunkeln sehen. Erfahrungen eines Blinden.* C.H.Beck, München

von Königslöw, Christiane (2006): *Der Engel – das bin ich.* Freies Geistesleben, Stuttgart

Knierim, Julius (1970): *Quintenlieder. Übungsbuch für Erwachsene, die mit Kindern vor dem 9. Jahre singen, spielen und tanzen wollen.* Bingenheim

Knierim, Julius (1988): *Zwischen Hören und Bewegen.* Edition Bingenheim, Wuppertal

Kreutz, Gunter (2008): *Wie Kinder Musik empfinden, erleben und lieben lernen. Zur Bedeutung von Musik in der frühen Kindheit.* In: Das Online-Familienhandbuch, www.familienhandbuch.de

Kumpf, Christiane (2004): *Die Metall-Klanginstrumente von Manfred Bleffert.* In: Beilharz, G. (Hg.): Musik in Pädagogik und Therapie. Freies Geistesleben, Stuttgart

Laborit, Emmanuelle (1999): *Der Schrei der Möwe.* Bastei Lübbe, Bergisch Gladbach

Liedtke, Rüdiger (1988): *Die Vertreibung der Stille.* Bärenreiter, Kassel

Stenzl, Jürg (1998): *Luigi Nono.* rororo, Reinbek

Steiner, Rudolf (GA 275): *Kunst im Lichte der Mysterienweisheit.* 1914/1915 (3.Aufl. 1990), Rudolf Steiner Verlag, Dornach

Steiner, Rudolf (GA283): *Das Wesen des Musikalischen und das Tonerlebnis im Menschen*. (4. Aufl.1975), Rudolf Steiner Verlag, Dornach/ Schweiz

Tobiassen, Martin (2004): *Das freie Tongespräch. Musikpädagogik im Jugendalter*. In: Beilharz, G. (Hg.): Musik in Pädagogik und Therapie. Freies Geistesleben, Stuttgart

Tomatis, Alfred (1987): *Der Klang des Lebens*. Rowohlt, Reinbek

Tomatis, Alfred (1997): *Das Ohr und das Leben*. Walter Verlag, Düsseldorf

Tomatis, Alfred (1998): *Das Ohr – die Pforte zum Schulerfolg*. Verlag modernes lernen, Dortmund

Visser, Norbert (ohne Jahr): *Das 20. Jahrhundert und die Zukunft der Musik*. Manuskriptdruck

Zender, Hans (1991): *Happy New Ears*. Herder Spektrum, Freiburg

Zender, Hans (1996): *Wir steigen niemals in denselben Fluss*. Herder Spektrum, Freiburg

引用的影片

Autonomie statt Anpassung: Pär Ahlbom – Intuitive Pädagogik. Von John Geiter und Uwe Hanke

Kinder! Von Reinhard Kahl (Archiv der Zukunft)

Touch the Sound – a sound journey with Evelyn Glennie. Von Thomas Riedelsheimer

Hörwege entdecken – Ein Film von Gerburg Fuchs. Herausgeber: Institut für Audiopädie. Vertrieb: edition zwischentöne. ISBN 978-3-937518-15-2.

圖片來源

頁 228，Dagmar Fischer 提供。

頁 231，Christoph Heidsiek 提供。

頁 6、13、29、35、37、38、40、41、59、66、67、78、79、88、90、97、98、99、103、127、136、151、170、175、177、180、183、191、192、194、217、220、222、227，Marion Körner 提供。

頁 233、237 下，Matthias Spalinger 提供。

頁 133、237 上，Unbekannt 提供。

頁 81、234，Rebecca Zabel 提供。

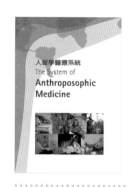

TAM01-1/2

人智學醫療系統 繁體版 / 簡體版

The System of Anthroposophic Medicine

定價：NTD.100 / CNY.30　　2016.07 出刊
　　　HKD.36 / MYR.20

臺灣人智學健康照護平台整合協會（TAMHCP）出版
宇宙織錦 Cosmosweaving　編輯製作 / 代理銷售

　　有《人智學醫療系統》在手，人智醫學不艱澀也不遙遠，本書淺
顯易懂、深入淺出，清晰地為讀者揭示人智醫學的梗概脈絡。書中內容
為人智學醫師、患者、藥師等團體，以及瑞士歌德館醫學部門共同策劃
提供，由 IVAA（國際人智醫學聯盟）正式授權 TAMHCP（臺灣人智學
健康照護平台整合協會）中文出版。

　　這本條理分明的小書很適合對人智醫學只想有概略認識的朋友，
有引導和啟發興趣的作用；本書從宏觀角度梳理人智醫學的核心理念 --
以人智學靈性研究為經、主流醫學研究為緯，織就成網，也適合關心人
類身心靈健康的專業療癒者、教師、家長和保健人士，自存在的整體來
理解一個完整的人的各個面向：身體、心魂、和靈性本質，進而對治療
的物質和療癒的過程有全新的認識。

人智學經典系列・史代納譯叢　CAC.S1

人智醫學療癒的祕密
——以靈性科學開展治療藝術的基礎

Grundlegendes für eine Erweiterung der Heilkunst
nach geisteswissenschaftlichen Erkenntnissen

魯道夫・史代納（Rudolf Steiner）

伊塔・薇格曼（Ita Wegman）合著　韋萱 譯

25K 軟精裝　定價：NTD$350　CNY$78　HKD$95　USD$13.2

德文原著直譯，漢德對照，宇宙織錦首度中文版敬虔問世

◆ 人智學是醫學的靈感金礦，作為醫師的我，在這裡汲取無窮的智慧之泉源，並照亮與解決許多今日醫學尚未解決的問題。

—— Dr. Ita Wegman 本書共同作者

◆ 如果你想認識人智醫學，請閱讀魯道夫・史代納原著 Grundlegendes für eine Erweiterung der Heilkunst 或是　中譯本《人智醫學療癒的祕密》，本書是多國語言譯本中最接近原著的版本。

—— Dr. Michaela Glöckler 瑞士歌德館人智醫學部　部長

魯道夫・史代納給世界的最後一個禮物

　　本書是以人智學為基礎的醫學領域實踐，是史代納（1861-1925）與薇格曼（1876-1943）醫師協力工作兩年的成果，也是其著作中與人共同完成的唯一作品。原著出版於 1925 年，成為史代納生命最後的力作，九十年後中譯本首度問世，別具意義。對這位有感於人類發展太偏重物質、忽略心與靈，而發展出人智學的啟蒙者，薇格曼有最初也最透徹的理解，她說史代納致力於古老奧秘的推陳出新，並將其注入醫學領域，為醫學的迷津引路。

　　本書是認識人智醫學的必讀經典，它涵蓋了最重要的基礎認知，並指向未來：以人的身體、心魂和靈性為導向，而非基於最新研究成果；以人的思考經驗為基石，發展靈性能力，來探討生命本體。

　　它從真實的靈性認識，獲得對疾病與療癒過程的理解，解開人類生存及命運的奧秘。它同時提供了更超越的視野，和一個完整性、本質性系統概念的實踐基礎，為人們指出療癒藝術的道路。

國家圖書館出版品預行編目資料

探索聽覺教育之路：華德福音樂課程及養成指引 /
　　Reinhild Brass 著；車迅 譯；
　　-- 初版 -- 臺中市：台灣人智學健康照護平台整合協會 , 2018.07
　　面；　公分
譯自 Hörwege entdecken : Musikunterricht als Audiopädie
ISBN：978-986-96667-0-1（精裝）
1. 音樂教育　2. 中小學教育
523.37　　　　　　　　　　　　　　　　　107010069

探索聽覺教育之路：華德福音樂課程及養成指引 TAMA01

Hörwege entdecken-Musikunterricht als Audiopädie

作　　者	Reinhild Brass
譯　　者	車迅
德文校閱	陳念萱
聽覺教育校閱	潘鍇、李愛華

Publishing 出版者　　台灣人智學健康照護平台整合協會(TAMHCP)
地　　址　　412臺中市大里區塗城路542巷7弄2號1樓
電　　話　　0989891709

Editorial 編輯製作
Channel Management 經銷通路　　宇宙織錦股份有限公司 www.cosmosweaving.com
Editing & Typography 執行編輯　　鄭天凱
Art Design 封面構成　　Kiran
Organizer 出版召集　　Usha
地　　址　　106台北市大安區忠孝東路四段59號10樓之2
客服專線/Line/Wechat　　0966528787
電　　話　　02-25338470
傳　　真　　037-597511
Email　　cwp.contact.1@gmail.com
印　　刷　　文聯實業有限公司
版　　次　　2018 年 7 月初版第 1 刷
ISBN　　978-986-96667-0-1（精裝）
定　　價　　NTD$380　CNY$120　HKD$146　USD$20